비고츠키주의자의 언어적
자기규제론과 도덕교육

비고츠키주의자의 언어적 자기규제론과 도덕교육

이 애 란 著

한국학술정보(주)

✑ 서 문

비고츠키(L. Vygotsky)는 심리학자로서 당시 갓 소비에트화된 러시아의 주민들에게 마르크스 레닌주의를 고취시키기 위한 방법을 연구하였던 인물이다. 나는 평소 도덕성이 어떻게 형성되는지 그 과정에 대한 규명에 관심을 가지고 공부하던 차에, 비고츠키의 『언어와 사고』를 접하게 되었고, 너무나 일찍 타계한 그의 뒤를 이은 비고츠키주의자들의 실험 정신은 나의 시선을 붙잡았다. 심리학에 문외한인 내가 그들의 사고를 이해하기까지에는 쉽지 않았지만, 외람되게도 감히 이 책을 세상에 내 놓으려하는 까닭은 다양한 학문에 목말라하는 많은 이들에게 혹여 나와 같은 생각을 가지고 이들의 학문에 관심을 가질 이가 있을지도 모른다는 기대감 때문이다.

또한 도덕과 교육과정의 개정이 있을 때마다 행동중심의 도덕과 교육 과정과 인지중심의 도덕과 교육과정의 통합적 접근을 아우를 수 있는 접근법이 없을까 내심 갑갑해 하던 차에 비고츠키의 "내적언어", "근접발달지대", "자기규제"는 그동안의 나의 무지를 일깨우고도 남음이 있었다. 이데올로기를 달리하는 동구권의 한 심리학자의 인간 정신 기능에 대한 철저한 탐구정신은 21세기를 살아가는 우리에게 자유주의와 공동체주의가 공존하고 지향해야 할 바를 제시한다고 해도 지나치지 않을 것이다.

이 책은 비고츠키주의자의 '언어적 자기규제'를 통한 도덕성 함양의 도덕교육적 함의를 탐구하는데 목적을 두었다. 일반적으로, 자기규제는 스스로 문제를 해결하고 자신의 행동을 통제하고 평가하는 행위로서 자아통제나 자기통제과정으로 불린다. 비고츠키의 언어적 자기규제는 자기규제, 즉 자신의 행동을 통제하고 문제를 스스로 해결하고 평가하는 자기통제 과정의 메카니즘을 언어로 보는 것이다. 따라서 그는 언어적 자기규제란 언어체계의 일부 요소가 행동을 계획하고 통제하며 그리고 행동을 구조화하고 조직하며 감독하는 과정이다. 그의 언어적 자기규제론은 자기규제의 뿌리를 사회문화에 두고, 어른이나 또래와의 언어적 상호작용을 통해 개인에게 자기규제의 기능이 내면화된다.

이러한 비고츠키의 언어적 자기규제론은 이론적 토대로서 사회문화적 관점, 자기규제가 형성되는 과정 그리고 그의 인식론적인 사회 구성주의적 관점, 자기규제가 형성되는 지점인 근접발달영역이 도덕교육에 함의하는 바가 적지 않다. 먼저, 그의 사회문화적 관점이 도덕교육과 관련하여 함의하는 바는 도덕의 기원을 사회 문화에 둔다는 것이다. 도덕기능의 기원에 관해 비고츠키는 사회문화적 가치에 관심을 둔다. 이것은 도덕교육의 중요한 내용이 사회문화적 가치임을 함축한다. 그리고 비고츠키는 자기규제는 언어에 의해 개인 간 국면에 존재하는 외적인 통제 기능이 개인 내 정신기능으로 전환된 것이라고 본다. 이러한 비고츠키의 자기규제의 발달 과정은 도덕의 뿌리가 사회에 기원을 두고 있으며, 그것은 구체적으로 전통적 혹은 역사적인 의미가 내포된 덕목으로 나타나며, 이러한 덕목이 아동들에게 외적, 사적, 내적 언어의 형태로 내면화되어 종국적으로는 자기규제 능력이 생긴다는 것이다. 이와 같은 비고츠키의 주장은 도덕에 관한 이론적인 설명없이 덕목을 내면화함으로써 성품을 기르려는 덕목주의 방식과는 달리, 덕목을 중시해야 하는 이유를 언어적 중재과정을 통해 설명함으로써 덕목주의를 보완하고 있다. 또한 자기규제가 형성되고 발달되는 과정을 고찰하는 것은 도덕성이 어떻게 형성되느냐 하는 것을 추적하는데 도움을 준다.

　다음으로, 사회문화적 관점에 기초하여, 자기규제가 형성되는 과정에 관한 그의 인식론적인 설명은 궁극적으로는 개인이 지식을 구성하는 것으로서 구성주의와 관련되며, 사회문화를 지식구성의 원천으로 간주하는 것은 사회적 구성주의적 관점의 입장에 있는 것이다. 자기규제가 형성되는 과정은 개인간 정신기능이 언어적 상호활동에 의해 개인내 정신기능으로 전환된다. 즉, 개인의 고등정신 기능의 형성은 개인간에 존재하는 정신기능이 사회적 상호작용을 통해 개인내에 형성된다. 그리고 이러한 전환의 과정은 단순한 내면화 과정이 아니라 점유의 과정으로서 궁극적으로 지식의 모방이 아닌 구성인 것이다. 이러한 그의 고등정신의 형성과정은 사회적 구성주의의 핵심인 지식이 사회적 참여를 통해 구성된다는 원칙을 반영하는 것이다. 이러한 사회적 구성주의적 관점은 학습자들로 하여금 어른이나 또래와의 언어적 상호작용을 통해 능동적으로 자신의 지식을 구성한다는 점에서 도덕 교육이 교사와의 언어적 상호작용을 통한 대화학습의 중요성을 시사한다.

　마지막으로, 자기규제가 형성되는 지점으로서 근접발달영역이 도덕과(道德科) 교육에 주는 도덕교육적 함의를 살펴보았다. 비고츠키는 발달과 학습 사이의 관계를 이해하기 위해 두 가지의 발달 수준, 즉 실제적 그리고 잠재적 발달 수준을 구별한다. 그리고 근접발달영역은 어른이나 또래와의 언어적 상호작용이 구체적으로 이루어지며, 자기규제 기능의 내면화가 일어나는 교수-학습의 장이다. 즉 이 영역에서 어른이나 능력 있는 또래의 지도하에 자신의 자기 규제적 기능이 내면화되어 상황에 맞는 도덕 판단을 하게 된다. 따라서 이러한 근접발달 영역에서의 도덕과 교육은 어른과의 언어적 상호작용을 통해 도덕사회화를 도모하고, 잠재적 발달수준에서의 언어적 상호작용을 통해 도덕발달의 조화 가능성의 단초를 마련할 수 있을 것이다.

물론 앞으로의 도덕과 교육이 개선해야 할 여지는 다대하다. 도덕성의 함양과 평가 문제는 도덕과 교육의 지난한 과제 거리이다. 그러나 할 수 없다고 포기하기 보다는 비록 우매한 노력이라 하더라도 조금씩, 아주 조금씩 일천한 노력이라도 기울여 보아야 하지 않겠는가? 이 책은 학위논문과 학회에 제출했던 비고츠키 관련 논문을 부록으로 첨부하여 출간한 것이다.

이 책이 나오기까지 변함없는 사랑으로 묵묵히 힘이 되어 주는 나의 부모님과 가족들, 힘들고 흔들릴 때마다 격려를 아끼지 않는 김재식 교수님, 도덕과 교육에 대한 방향을 제시해 준 남궁달화 교수님, 도덕과 교육의 방법적인 문제의 중요성을 일깨워준 조성민 교수님, 정선심 박사님, 바쁘신 와중에도 논문 지도에 심혈을 기울여주신 배한동 지도교수님, 문성학 교수님, 박재주 교수님, 이영경 교수님, 심리학과의 진영선 교수님, 그리고 지금은 고인이 되신 은사 박인희 교수님, 송휘칠 교수님, 그리고 이 책의 출간을 기꺼이 허락해 주시고, 빛을 보게 해 주신 채종준 사장님과 출판에 관계하신 모든 분들께 감사드립니다.

2007년 3월 봄의 문턱에서
이 애 란

ဆ 목 차

I 서 론

■ ■ ■

인간은 이성적이면서도 이기적인 욕망을 지닌 존재이다. 인간의 비도덕적인 행동은 많은 경우 자신의 이기적인 욕망을 절제하지 못한 데에 기인한다. 따라서 인간이 건전한 사회생활을 영위하기 위해서는 자신의 이기적 욕망을 절제하고 조절할 수 있는 능력이 필요하다.

자기규제는 스스로 문제를 해결하고 자신의 행동을 평가하고 통제하는 것이다. 자기통제 능력의 문제는 의지의 문제와 직결되는 것으로서 도덕철학이나 심리학의 주요한 관심사이다. 사람들이 자신의 행동을 억제하고 성취할 수 있는 만족을 연기하여 스스로 자신에게 장애를 부여하는 것이 의지의 특성이라고 할 수 있다. 이러한 만족의 연기가 외적인 조건이나 힘에 의해 부여될 때 우리는 그것을 좌절이라 부르고 자기 스스로 부여할 때 자기통제라 부른다.[1]

인간은 절제 있는 행동을 보여주는 부모나 친척 그리고 친구들로부터 사회화 과정을 통해 절제나 자기통제에 대해 배운다. 사람들은 자기통제나 규제력이 약해서 마치 어린애 같은 행동을 하는 성인을 비난한다. 일반적으로 성인이란 자율적으로 도덕적 행위를 할 수 있는 존재로 간주되기 때문에 어린애 같은 충동적이고 자기중심적인 행동

---

1) W. Mischel, *Introduction to Personality*, Holt Rinehart and Winston, Inc., 1971, p.379.

을 통제할 수 있는 능력을 가져야 한다고 기대된다.

도덕을 인간 행위를 기술하고 규제하는 원리[2]로 간주할 때 도덕적 행위란 규제의 원리에 합치되는 행위로서 이는 자신의 행위를 도덕적 준거로 규제할 수 있을 때 가능하다. 도덕적 행위란 도덕원리를 이해한 바탕에서 도덕규범을 준수하는 행위이다. 이러한 도덕적 행위를 위해 인간에게 요구되는 것은 자신의 이익이나 만족을 억제하고 통제하는 능력이다. 사려 깊지 못한 충동적인 자기중심적 행동은 자기통제능력의 결핍에 기인한다. 그러므로 자기규제는 도덕적 행위를 가능케

---

2) 임병덕, 유한구, 이홍우, 『초등학교 도덕과 교육론』, 교육과학사, 1992, p.2. 도덕의 개념 정의에 관해서는 여러 학자들의 다양한 견해가 있을 수 있지만 필자는 위의 책에서 정의한 도덕의 개념에 동의한다. 남궁달화는 도덕을 사람이 사람으로서 떳떳하게 그리고 마땅히 가야 할 큰 길이라고 풀이하고 도덕을 옳고 선한 행위(남궁달화, "도덕과 수업모형의 이론과 실제", *교육학 연구*, Vol.29, No.2, 1991, pp.3-6)라고 정의하고 있고 이종호는 도란 인간이 밟아야 할 도리요, 덕이란 득을 통하여 도를 반복 실천함으로써 자기화된 도덕적 능력으로 풀이하고 있고(이종호, 『도덕과 교육론』, 형설출판사, 1987, p.20), 이영춘은 도를 인륜의 도리요, 덕은 이 도리를 우리가 몸소 체득하여 이루어낸 인격의 우수성을 의미한다(이영춘, 『도덕과 교육』, 교육과학사, 1983, p.46)고 하였다. 이러한 이해는 도를 인간이 가야 할 어떤 길, 즉 원리로 간주하는 것이며 덕이란 이러한 원리의 습관화를 통한 인간의 품성을 의미한다. 이러한 관점에서 도덕은 행위의 준거나 원리로 규정할 수 있고 개인의 내면에서 함양되는 품성으로 규정될 수 있다고 본다. 그러나 『초등학교 도덕과 교육론』에서 원리로서의 도덕이나 품성으로서의 도덕은 각기 별개의 실체로부터 분리되어 있는 것이 아니라 이들 양자는 인간의 행동을 기술하고 규제하는 원리라는 동일한 대상을 개인의 내면에 속하는가 아니면 그 바깥에 속하는가에 초점을 두고 두 측면을 나누어 파악할 때 나타나는 상이한 이름에 불과하다고 본다.(위의 책, p.4) 또한 행위 중심의 도덕교육을 주장하는 반두라의 관점에 있어서 도덕성은 자기규제, 즉 자제이다.(송석재, "반두라의 행위 중심의 도덕교육론에 관한 연구", 한국교원대학교대학원 박사학위논문, 2003, p.168) 이러한 반두라의 자기규제에 관한 주장은 다름 아닌 도덕을 행동을 규제하는 원리로 보는 것과 맥을 함께하는 것이다.

하는 데 있어서 매우 중요한 문제라고 할 수 있다. 이에 본 연구에서
는 언어적 자기규제를 고찰하고 그 도덕교육적 함의를 밝히고자 한다.

　행동주의 심리학이나 사회학습 이론에서는 해로운 행동을 억제하고
이로운 행동을 촉진하는 행동의 통제가 내면화된 상태를 도덕성이 형
성된 것으로 간주한다. 특히 반두라(Bandura)는 도덕교육에서 자제를
강조한다. 그는 인간의 행동규제 능력, 즉 자제를 도덕성으로 간주하
고 행위 중심의 도덕교육론을 전개한다. 반두라의 주장에 의하면 자제
능력이 있는 사람은 그렇지 않은 사람보다 일탈의 유혹과 공격적 충
동을 더 잘 억제할 수 있고 자신으로부터 한 발짝 물러설 수 있기 때
문에 타인에 대한 이해와 배려도 더 잘 할 수 있다.[3] 따라서 반두라
는 도덕적 인간이란 도덕적 판단력을 갖춘 사람이나 따뜻한 마음을
갖고 있는 사람이라기보다는 일탈의 유혹으로부터 행동을 통제하고
규범적 가치의 통제에 의해 자신의 행동을 규제 또는 조절해 가는 사
람이다.

　이러한 자기규제는 자율성을 전제한다. 자기 스스로 자신의 행동을
통제하고 규제한다는 말은 궁극적으로는 행위자의 자율적 판단에 의
존하는 것이며 인간을 자율적인 존재로 간주하는 것이다. 자신의 행위
를 계획하고 이러한 계획에 의해 행위가 규제된다는 것은 행위가 자
발성에 의해 인도됨을 의미하며 행위 계획의 준거가 도덕규범일 때
자기규제는 도덕적 행위와 관련된다.[4]

　자기규제적 행동을 계획함에 있어 아동들은 일반적으로 자기중심적

---

3) 위의 논문, p.13.
4) 이러한 점에서 도덕적 행위의 생명은 자발성에 있다고 본다. 칸트는 결과적
　으로 의무에 적합한 행위와 내면적 동기에서 의무로 말미암은 행위를 구분
　한 뒤 전자의 행위는 적법성을 가지며 후자만이 도덕성을 가진다고 말한다.
　문성학, 『현대인의 삶과 윤리』, 서울: 형설출판사, 1998. p.47.

행동을 보인다. 이들은 점차 성장하면서 자기규제 능력을 획득하게 됨에 따라 도덕적 행동이 가능하게 된다. 이는 도덕성을 함양한다는 것은 곧 도덕적 규제 능력을 함양하는 것과 밀접하다는 것을 의미한다.[5] 따라서 도덕적 규제 능력을 함양하는 도덕교육의 토대로서 자기규제가 어떻게 형성되는지를 규명하는 일은 매우 중요하다.

　이러한 맥락에서 본 연구는 비고츠키(Vygotsky)의 '언어적 자기규제'를 통한 도덕성 함양의 도덕교육적 함의를 탐구하려는 데 기본 목적이 있다. 그는 사회문화적 관점[6]에 기초하여 사회문화적 가치가 어떻게 내

---

5) 정신분석학자인 프로이드(G. Freud) 역시 행동통제의 중요성을 강조한다. 그는 유아의 도덕성 발달에 관심을 갖고 양심(초자아)이 어떻게 형성되는지를 연구한다. 그에 의하면 인간은 이드(Id)라는 본능에너지가 자아(Ego)로 변형되고 자아가 부모의 권위에 의해 초자아(Super ego), 즉 양심이 형성된다는 것이다. 따라서 양심이 형성되지 않은 아동은 자신의 비합리적인 욕구를 적절하게 통제할 수 없다. 이러한 행동통제 능력은 자율적 행위를 위해서도 중요하다. 인지발달론자인 레스트(Rest)는 도덕적 행동의 이행 및 실행 과정에서 자아 통제적 요소를 강조한다. 민주적인 행위를 위해서는 판단력과 분별력과 함께 그것을 행위로 옮기게 하는 힘, 즉 자아통제력이 결정적으로 중요하다. (배한동, "중학교 민주시민교육의 효율화를 위한 레스트의 도덕발달론적 접근", 『도덕윤리과교육』 제12호, 한국도덕윤리과교육학회, 2000. 7, pp.171-172.)

6) 비고츠키 이론을 서구사회에 소개하는 일에 주도적인 역할을 해온 대표적인 학자는 워치(Wertsch)이다. 그는 비고츠키 심리학을 '사회문화적 (sociocultural)'이라는 용어로 특징짓는다. 비고츠키 학파의 대표적인 인물들인 루리아와 레온테프는 자신들의 심리학적 방법론을 '문화-역사적 (cultural-historical)' 혹은 '사회역사적(sociohistorical)' 접근이라 불렀지만 워치는 서구 사회에서 이루어지는 논의의 맥락에 비추어 '사회문화적'이라는 용어를 사용하는 것이 적합하다고 본다. 그러나 워치의 주장은 '역사적'이라는 의미가 손상될 수 있다는 점은 인정한다. 이러한 맥락에서 콜(Cole)은 '사회-문화-역사(socio-cultural-historical)'라는 용어를 사용할 것을 주장하기도 한다. 문화-역사 심리학의 특징은 여러 가지 방법 및 접근을 통해 인간 정신에 대한 지식을 통합시키는 것이며 그것의 목표는 인간의 정신기능과 그 정신이 발생하는 문화적, 역사적, 기간 간 상황 사이의 관련성

면화되는가를 설명한다. 그의 언어적 자기규제는 자신의 행동을 통제하고 문제를 스스로 해결하고 평가하는 자기통제 과정의 메카니즘을 언어로 본다. 따라서 그는 언어적 자기규제를 언어체계의 일부 요소가 행동을 계획하고 통제하며 그리고 행동을 구조화하고 조직하며 감독하는 것으로 보았다. 그래서 자기규제의 기제를 언어로 보고 자기규제가 형성되는 과정을 규명하는 비고츠키의 '언어적 자기규제'가 '도덕과 교육(道德科 敎育)'에 시사하는 바가 적지 않음을 밝히려 한다.

본 연구의 목적은 이러한 비고츠키의 '언어적 자기규제'를 통해 자기규제가 형성되는 과정을 규명하고 그 과정에서 해명되는 언어적 자기규제의 도덕교육적 함의를 탐구하는 것으로써 다음과 같은 구체적인 연구 목적을 설정하고자 한다.

첫째, 자기규제의 메카니즘이 언어임을 규명하고 이것과 도덕교육과의 관련성을 알아보는 데 연구의 목적이 있다. 비고츠키 관점에서 자기규제의 메카니즘은 언어이다. 비고츠키는 문화의 내면화는 매개기제를 통한 개인 간 상호 작용을 통해 이루어진다고 본다. 비고츠키가 말하는 심리적 도구로서의 언어 개념은 엥겔스가 말하는 도구적 매개 개념으로 확장시킨 것이다. 언어는 모든 인간 문화에서 보편적으로 볼 수 있는 심리적 도구로서 각 문화의 모든 구성원들에 의해 창조되고 공유되기 때문에 문화적 도구이다. 모든 인간의 고등정신기능은 언어에 의해 매개되어 형성된다. 따라서 도덕적 행위는 언어에 의해 중재된 행위라는 데 관심을 가질 필요가 있다.

둘째, 본 연구의 목적은 비고츠키 관점에서 도덕의 기원을 고찰하고 그것이 도덕교육에 주는 시사점을 찾는 데 있다. 비고츠키는 인간의

을 설명하는 것이다. 한순미, 『비고츠키와 교육』, 교육과학사, 2000, pp.3-4 참조.

고등정신기능을 인간과 동물을 구별 짓는 중요한 기능으로 간주한다. 도덕은 인간만이 갖고 있는 고등정신기능 중의 하나이다. 비고츠키에 의하면 인간의 고등정신기능의 하나인 도덕의 본질을 이해하려면 그것의 기원과 전개 과정에 관한 연구가 필요하다. 왜냐하면 인간의 고등정신기능은 독립적으로 고려될 수 없고 점진적 발달 과정의 산물로 보이기 때문이다. 도덕의 기원의 문제는 그동안 도덕교육의 쟁점이 되어 온 도덕적 지식에 관한 인식의 문제, 도덕발달과 방법의 문제와 관련된다. 비고츠키는 도덕의 사회적 기원을 주장한다. 본 연구에서는 이러한 그의 주장을 살펴보고 이러한 그의 주장이 도덕교육과의 관련성을 해명하고 시사점을 탐색하려는 것이다.

셋째, 본 연구는 언어의 규제적 기능과 자기규제의 언어적 발달을 고찰하고 이러한 관점에서 내적인 도덕적 대화 과정을 통한 도덕교육의 시사점을 찾으려는 것이다. 고등정신의 발달은 외적(사회적) 언어가 사적 언어의 재구성 과정을 통해 내적 언어화 과정을 겪는다. 내적 언어는 사회적 언어에 기원을 두며 사적 언어를 거쳐 형성된다. 비고츠키는 언어의 규제적 특성을 사적 언어의 분석을 통해 규명한다. 왜냐하면 사적 언어와 내적 언어는 사고의 표현 양식이며 이러한 언어적 사고는 자기규제적 특성을 갖기 때문이다. 사적 언어는 부차적으로 행동을 수반하며 정서적 표출을 제공한다.

아이는 사적 언어를 발화함으로써 자신도 모르게 우연적인 방식으로 자기 자신의 행동을 통제할 수 있다는 것이다. 이것이 가장 기본적인 자기규제의 모습이다. 사적 언어의 수준에서는 발화된 말의 속성이 중시되는 반면에 내적 언어의 수준에서는 말의 의미가 중시된다고 볼 수 있다. 약 5세를 시작으로 유아는 인습적 규칙과 침묵적 사고 능력을 겸비하기 시작하는 내적 언어의 단계에 이르게 된다. 따라서 내적

언어는 자신과의 도덕적 대화를 통해 행동을 계획하고 통제하는 기능
과 역할을 수행한다. 내적인 도덕 언어는 자신의 행동을 통제하는 내
적인 대화로서 자기를 규제한다.

마지막으로 비고츠키의 언어적 자기규제론이 지니고 있는 사회문화
적 관점으로서의 특징, 구성주의적 특징, 근접발달 영역으로서의 특징
과 도덕교육과의 연관성을 살펴보고 근접발달 영역에서의 '도덕과 교
육'이 주는 도덕교육적 의의를 살피고자 한다. 이를 위해 근접발달 영
역에서의 도덕적 지식을 고찰하고 코프(Kopp)의 자기통제와 자기규제
의 명료한 개념적 구분을 살핀 다음 도덕사회화와 도덕발달의 조화
가능성을 모색한다.

본 연구의 목적은 비고츠키의 사회문화적 관점에 기초한 언어적 자
기규제의 도덕교육적 의의를 탐색하는 것이다. 이러한 탐색 과정을 통
해 자기규제가 형성되는 과정을 살펴보고 이 과정에서 언어적 자기규
제의 도덕교육적 함의를 탐구하는 것이다. 본고는 비고츠키뿐만 아니
라 비고츠키와 그의 동료 및 제자들의 이론을 포괄적으로 다루었기
때문에 연구의 제목에서 비고츠키주의자[7]라고 하였으며 내용과 절차

---

7) 비고츠키주의자란 용어는 엄격히 말해서 비고츠키 자신이 아니라 비고츠키
   저술에 대한 중심적인 내용을 확대하거나 이로부터 이끌려지는 관점을 인
   정하는 사람들을 지칭한다. 태펀은 "비고츠키 자신은 결코 도덕발달에 관
   해 연구하지 않았다. 더욱이 그의 예측하지 못한 조기 죽음은 많은 그의
   가장 중요한 생각들을 다른 사람이 더 충분히 개발하고 정교화하도록 남겨
   졌다는 것을 의미했다. '사회문화적'(워치), '사회역사적'(콜), 그리고 '신비
   고츠키주의자'(탑과 갤리모어)는 비고츠키의 초기 경험적 그리고 이론적
   활동에 의해 제공된 비판적 자극과 타인에 의해 비고츠키 저술의 확대와
   일련의 정교함을 인정하는 것을 제안해온 용어들이다. 왜냐하면 나는 어떤
   의미 있는 방식 속에서 이 논문에서 다룬 '제일 세대'의 사회문화적 학파
   (박틴, 루리아, 미드, 볼로시노프)에 대한 저술에 대해서는 기술하지 않았
   기 때문에 비고츠키주의자라는 용어는 이러한 맥락에서 가장 적절할 것 같
   다."라고 서술하였다. M. B., Tappan, "Language, Culture, and Moral

는 다음과 같이 구성하였다.

먼저 비고츠키의 언어적 자기규제의 이론적 기초를 고찰하고자 한다. 이를 위해 비고츠키 심리학의 기본 개요와 형성 배경을 살펴보고자 한다. 비고츠키 심리학의 형성 배경으로는 마르크스 심리학의 영향, 피아제의 발생적 인식론 및 언어와 사고, 쟈넷의 사회심리학, 소련의 신경생리학의 영향 등을 고찰한다. 이러한 비고츠키의 사상적 배경을 고찰함으로써 그의 언어적 자기규제에 대한 이론적 기초를 이해하게 될 것이다.

Ⅲ장에서는 비고츠키와 루리아의 언어적 자기규제에 관한 이론을 자세히 비교 고찰하고자 한다. 이를 위해 먼저 비고츠키의 언어적 자기규제에 관한 이론을 심층적으로 분석한다. 당시 소비에트 심리학의 고민을 살피면서 비고츠키가 이 문제를 어떻게 극복했는지를 살펴보고 이 문제를 해결하는 열쇠로서 그가 제시하는 사회문화적 관점을 살핀 다음 그의 사회문화적 관점의 핵심적 사상인 언어와 사고와의 관계를 살피고 고등정신의 발달 과정으로서 언어의 발달을 살핀다. 그의 이러한 언어와 사고와의 관계를 규명함으로써 언어적 자기규제에 관한 이해는 분명해질 것이다.

비고츠키에 의해 시작된 언어적 자기규제에 관한 소비에트 연구는 루리아의 발달적 그리고 임상적 연구를 통하여 분명해진다. 그러므로 비고츠키의 제자인 루리아는 언어적 자기규제가 어떻게 발전하는지를 고찰한다. 이를 위해 루리아의 자기규제에 관한 이론적 특성과 경험적 기초를 살피고 그의 언어적 자기규제의 3단계 이론을 살핀다. 마지막으로 비고츠키와 루리아의 언어적 자기규제에 관한 차이점은 무엇인

Development: A Vygoskian Perspective", *Developmental Review*, 17, 1997. p.80.

지를 살펴본다.

Ⅳ장에서는 언어의 규제적 기능을 고찰하고자 한다. 언어에 의해 인간 행위가 통제되고 규제된다는 것은 언어에 규제적 기능이 있음을 함축한다. 따라서 본 연구는 언어에 규제적 기능이 있음을 해명하고자 한다. 이를 위해 먼저 내적 언어의 규제적 기능을 워치(Wertsch)의 사적 언어 분석을 통해 해명하고자 한다. 워치는 차페(Chafe)의 사회적 언어의 구문론적 분석을 원용하여 사적 언어에 규제적 기능이 있음을 해명한다. 그리고 이러한 언어의 규제적 기능의 발달 과정을 통해 외적인 통제기능이 어떻게 내적인 규제기능으로 변환되는지 그 과정을 살피고자 한다.

Ⅴ장에서는 비고츠키주의자의 언어적 자기규제의 도덕교육적 함의를 고찰하고자 한다. 이를 위해 언어적 자기규제의 이론적 토대인 비고츠키의 사회문화적 관점과 자기규제 형성 과정으로부터 도덕교육에의 시사점을 살펴본다. 또한 언어적 자기규제의 사회적 구성주의 관점으로부터 도덕교육의 함의를 탐색하고 자기규제가 형성되는 지점인 근접발달 영역의 개념을 통해 도덕과 교육에서 도덕사회화와 자율론적 접근의 조화 가능성을 모색하고자 한다.

II 비고츠키주의자의 언어적 자기규제론의 이론적 기초

■ ■ ■

　일반적으로 자기규제란 자신의 행위를 스스로 계획하고 통제하는
자발적 행위를 말한다. 이 자발적 행위란 물리적 자극과 그 자극에 대
하여 발생하는 반응 사이에 언어적 신호라는 인위적인 자극을 부여함
으로써 조직화되고 규제된 행위이다.[8] 자기규제는 아동과 어른의 사
회적 상호 작용을 통해서 발달되는데 비고츠키의 언어적 자기규제는
어른과 아동의 사회적 상호 작용과 내면화와 관련되며 이것은 고등정
신기능(higher mental function)에 관한 그의 사회문화적 관점
(socio-cultural perspective)을 반영한 것이다. 특히 그의 사회문화적
관점은 발생적 방법론(genetic methodology)과 심리적 도구로서의 언
어적 중재 그리고 개인 간 정신기능의 개인 내 정신기능으로의 내면
화로 요약된다.

　본 장에서는 비고츠키 사회문화 심리학의 기본 개요를 살펴본 후
비고츠키 사회문화 심리학이 마르크스 심리학, 피아제의 발생학적 인
식론, 자넷의 사회심리학, 소련의 신경생리학의 기초 위에서 정립되었
음을 밝히고자 한다.

---

8) Robert H. Wozniak, "verbal Regulation of Motor Behavior-Soviet research
  and non-Soviet replication", in Edited by Peter Lloyd and Charles
  Fernyhough, *LEV VYGOTSKY Critical Assessments*, (*Vol. II*), London
  and New york, Routledge, 1999b, p.124.

1. 비고츠키 심리학의 기본 개요

비고츠키가 마르크스주의에 기초하여 자신의 사회문화 심리학을 구
성하면서 구상했던 기본 가정은 개인의 고등정신기능의 발달[9]을 이해
하기 위해서는 그 개인이 처한 사회·문화적 역사를 이해해야 한다는
것이다. 그에 의하면 인간 정신의 발달 과정은 질적으로 다른 기원을
갖는 두 가지 유형으로 구분된다고 주장한다. 하나는 생물학적 기원을
갖는 초등정신기능이고 다른 하나는 사회적 기원을 갖는 고등정신기
능이다.

초등정신기능에는 동물의 초보 인식, 기억, 그리고 집중 등이 해당
된다. 고등정신기능에는 논리적 기억, 선택적 집중, 결정하기 그리고
언어 이해 등이 해당하는데 이것들은 매개된 행동의 산출물이다. 여기
서 매개라 함은 심리적 도구나 기호를 말한다. 따라서 개인의 고등정
신기능은 사람들 사이에 언어기호에 의해 매개된, 즉 사람들 사이의
상호 작용의 결과로 얻어지는 산물이다.

워치는 비고츠키가 그의 심리학적 주제인 고등정신기능의 사회적

---

9) L. S. Vygotsky, *Mind in Society: The Development of Higher Psychological
Processes* (M. Cole, V. John-Steiner, S. Scribner & E. Souberman. Eds)
Cambridge, M. A: Harvard University Press, 1978, p.46. 또한 비고츠키는 초
등정신기능과 고등정신기능을 구분하는 네 가지 준거를 제시하고 있다. 첫째
는 초등정신기능이 환경통제에 지배되는 반면에 고등정신기능은 자기조절에
의해 지배되며 둘째는 고등정신기능의 특징은 지성화와 숙달에 있고 셋째는
고등정신기능의 사회적 기원과 본질로서 인간행동에 있어 결정요인으로 고려
되어야 할 것은 자연이 아닌 사회이며 넷째는 고등정신기능을 매개하는 것은
기호의 사용이다. J. V. Wertsch, *Vygotsky and the Social Formation of
Mind*, Cambridge, M. A: Harvard University Press, 1985, pp.25-27. 김재식,
"비고츠키의 근접발달대와 초등도덕과 교육", 『초등도덕교육』, 2001. 12,
p.204.

기원을 다루면서 다음과 같은 세 가지 기본 가정을 상정하고 있다고 요약한다.10)

첫째는 고등정신기능이란 특별한 정신적 행위나 혹은 활동처럼 구체적인 정신적 활동으로써 독립적으로 고려될 수 없고 점진적 발달 과정의 산물로 보아야 한다는 것이다. 고등정신기능의 발달을 설명함에 있어 결과보다 과정을 중시하는 관점11)은 아동의 발달 수준 진단에서 구체적으로 드러난다. 이 같은 시각에서 비고츠키에 있어서 발달적 분석은 정신기능의 설명과 이해를 위한 기본적인 접근 방식이라 할 수 있다.

비고츠키에 따르면 우리가 어떤 사람의 심리적 현상을 파악하고자 할 때 가장 본질적인 것은 발생적 전환 과정의 심리적 현상을 설명하는 것이다. 그는 어떤 심리적인 현상은 그것이 진행되어 온 과정과 그 현상의 발달에 관계된 다양한 현상을 반영하는 것이라고 본다. 따라서 그는 발생적 분석 없이는 심리적 현상의 어떤 측면을 단지 기술할 수 있을 뿐이며 인과적 역동성을 이해할 수는 없다고 주장한다. 그러므로 인간의 고등정신기능의 하나인 자기규제의 본질을 이해하려면 그것의 기원과 전개 과정에 관한 연구가 필요하다. 비고츠키 관점에서 발생적 관점을 배제하고서는 심리적인 현상을 설명하기란 불가능하며 자기규제의 본질을 이해하기란 더욱 불가능하다.

둘째는 고등정신기능은 언어에 의해 매개된다는 것이다. 비고츠키는 사회적 문화의 내면화는 매개 기제를 통한 상호 작용의 결과로 이루어진다고 보고 심리적 도구, 즉 기호의 역할에 관심을 기울인다. 심리적 도구는 인간 자신의 사고와 행동을 보조하기 위하여 사용하는 것으로 비

---

10) Wertsch(1985), pp.14-16.
11) Vygotsky(1978), pp.64-65.

고츠키는 이를 기호라 하였다. 기호는 인간에게 자연 형태의 행동과 인지를 통제하고 변화시킬 수 있는 힘을 준다. 예를 들어 스스로에게 남기는 노트는 하나의 기호로써 어떤 일을 하는 것을 기억하도록 돕고 기억하는 자연 능력을 증대시킨다. 스스로에게 노트를 하는 기억 장치처럼 정신적 도구의 중재 활동을 통해 일반적인 형태의 행동은 인간에게 고등한 문화적 형태로 변화된다. 이 과정을 비고츠키는 '기호 중재'라고 불렀다. 따라서 우리는 문화가 제공하는 기호를 검토하지 않고는 인간의 사고를 제대로 이해할 수 없을 것이다.

셋째는 고등정신기능은 개인 간 정신기능이 개인 내 정신기능으로 학습자 내에서 상호 작용을 통해 내면화(internalization)되는 사회적 관계에 그 기원을 두고 있다.[12] 그는 개인적인 심리적 환원론을 거부하고 개인 행위의 근본은 사회적 과정에 있다고 본다.

비고츠키는 인간정신기능을 사회적 기능과 심리적 기능으로 나누고 인간의 정신기능이 사회적 수준에서 심리적 수준으로 변형되는 과정을 내면화(internalization)로 설명한다. 아동의 고등정신기능의 발달 과정은 먼저 다른 사람과 상호 작용 하는 사회적 행위 가운데 나타나고 그런 다음 아동이 사람 간의 고등정신기능을 내면화함으로써 아동 내에 나타난다. 따라서 개인의 고등정신기능은 다른 사람과의 상호 작용을 통해 발생하게 되는데 개인 간에 존재하는 정신기능이 자신의 사고과정에 통합되어 개인 내부의 개별적인 것이 되는 것이다.

---

12) L. S. Vygotsky, "The Instrumantal Method in Psychology", In: J. V. Wertsch(1981), *The Concept of Activity in Soviet Psychology*, Armonk, N. Y: M. E. Sharpe, (Original Work Published 1930), 1981a, p.163.

66

   아동의 문화적 발달에 있어서 모든 기능은 두 단계에서 나타난
다. 첫째는 사회적 단계에서 나타나고 그 다음에는 심리적 단계에
서 나타난다. 먼저 그것은 개인 간 심리적 범주로서 사람들 사이에
나타난다. 그런 다음 개인 내 심리적 범주로서 아동 내에 나타난
다. 이것은 의지의 발달, 개념형성, 논리적인 기억, 자발적인 주의
의 발달에 동등하게 실현된다.[13]

99

  비고츠키는 개인 간 정신기능이 개인 내 정신기능으로 발달하는 과
정을 내면화의 개념으로 설명하고 발달이 일어나는 두 가지 노선, 즉
자연적 발달과 문화적 발달로서 고등정신기능의 발달을 설명한다. 자
연적 발달은 생물학적 성장과 정신적 구조의 성숙을 의미하며 문화적
발달은 문화적 수단을 배우고 활동에 참여할 때 나타나는 인간의 의
식을 의미한다. 자연적 발달은 생물학적 발달로서 초등정신기능과 관
련되며 문화적 발달은 초등정신기능을 고등정신기능으로 전환시키는
것을 의미한다. 따라서 초등정신기능은 생물학적 기원을 갖고 고등정
신기능은 사회문화적인 기원을 갖는다.[14]

  비고츠키는 내면화를 오직 고등정신기능의 발달에 적용되는 것으로
서 사회문화적 노선과 관련되는 것으로 본다. 따라서 고등정신기능의
내적인 형태는 외적인 형태와 밀접한 관련을 맺고 있다. 이러한 관점
은 비고츠키의 다음과 같은 입장에서 잘 나타난다.

---

13) *Ibid.*, *p.163.*
14) Vygotsky(1978), p.46.

"

　고등 형태로 있는 내적인 모든 것은 반드시 외적인 것이었다. 즉 현재 어떤 사람에게 있는 것은 다른 사람에게 있었던 것이다. 어떤 고등정신기능이라도 그것이 처음에는 사회적 기능이었기 때문에 그 발달에 있어서 반드시 외적 단계를 거친 것이다. …… 우리가 어떤 과정을 말할 때 외적이라고 하는 것은 사회적인 것을 의미한다. 어떤 고등정신기능도 진정으로 내적인 정신기능이 되기 전의 어떤 시점에서는 사회적이었기 때문에 외적이다.[15]

"

　내면화란 외적인 수준에서 수행되어 왔던 활동 유형이 내적인 수준에서 실행되는 과정이며 그 매개는 언어이다. 즉 언어에 의해 개인 간 정신기능이 개인 내 정신기능으로 내면화되며 사회적 세계에서의 경험을 토대로 그들 자신의 사고, 느낌, 행위에 대한 내적 단계를 창조적으로 발전시킨다. 이 과정에서 언어에 의한 자기규제가 형성된다. 이 부분에 관해서는 언어적 자기규제와 관련하여 매우 중요하므로 뒤에서 상세히 다룰 것이다.

2. 비고츠키 심리학의 형성 배경

　비고츠키의 언어적 자기규제의 이론적 기초는 매개 기제인 언어의 기능을 설명하고 언어의 개입으로 개체발달의 질적인 변화가 일어남을 설명하는 데 있다. 그리고 개인 간에 존재하는 통제 기제가 개인 내에 존재하는 규제 개념으로의 전환이 마르크스와 엥겔스의 변증법적 유물론에 토대를 두고 있고 이러한 발생적 방법론은 피아제와 맥락을 같이

---

15) Vygotsky(1981a), p.162.

하는 것이며 이러한 비고츠키의 사회문화적 관점은 서구 심리학자들의 영향을 받은 것이다. 이를 구체적으로 살펴보기로 한다.

1) 마르크스 심리학의 영향

앞에서 언급한 비고츠키의 세 가지 기본 가정은 다음과 같은 설명에서 영향을 받고 있다.

비고츠키는 인간의 고등정신은 육체 구조를 설명하는 생물학적 요인과 사회문화적 요인 사이의 복잡한 상호 관계에 의해 발달한다고 주장한다. 그는 생물학적인 성장과 신체적, 정신적 구조의 성숙을 의미하는 자연적 발달은 초등정신기능을 갖게 하는 반면에 문화적 활동에 참여할 때 나타나는 인간의 의식을 의미하는 문화적 발달은 초등정신기능을 고등정신기능으로 변화시킨다고 보고 이러한 정신기능의 전환에 주목한다. 이와 같은 맥락에서 비고츠키는 마르크스 심리학의 기초 위에서 발생적 방법론을 수용한다. 이를 구체적으로 살펴보면 다음과 같다.

(1) 변증법과 발생적 방법론

비고츠키는 마르크스, 엥겔스의 유물변증법의 영향을 받아 자신의 발생적 방법론을 정립하고 정신기능을 질적으로 변형시키는 중재 개념으로서 언어를 심리적 도구로 삼는다. 그는 발달의 본질에 관한 몇 가지 구체적인 생각을 가지고 있다. 첫째, 그는 기본적으로 발달을 점진적인 양적인 증가보다는 혁명적 변화로 이해한다. 둘째, 그는 발달에 있어서 주요한 전환점은 사용된 중재 형식에서의 변화로 파악한다. 셋째, 그는

심리 현상의 설명은 발달의 몇몇 다른 형태를 분석하기, 즉 발생적 영역
에 의존해야만 한다고 주장한다. 그의 발생적 분석은 개체 비교와 계통
적 그리고 사회 역사적인 다른 비교 유형을 포함한다. 비고츠키 관점에
서 발달적 방법은 심리학의 핵심 방식이다.

① 이론적 기초

헤라클레이토스 이래 철학적 사유에 나타난 변증법에 따르면 이 세
상에 존재하는 모든 것은 계속해서 변화의 상태에 놓여 있으며 이 변
화는 투쟁을 통해서 그리고 필요에 의해 진행된다. 변화는 양태의 변
경뿐만 아니라 발생과 파괴의 형식을 통해 나타난다. 비고츠키는 이러
한 변증법적 입장을 수용한다.

66

첫째, 물질은 수준별로 조직되며 각 수준은 그 자체의 법칙 체계에
의해 지배받기 때문에 각 물질은 더 낮은 수준의 물질로 환원될 수 없
다. 따라서 주관적인 것은 전적으로 생리학적 관점에서 설명할 수 없
다. 둘째, 이 세상에 존재하는 모든 것은 계속해서 변화를 하며 이 변
화의 출처 혹은 동인은 모든 물질 체계에 내재하는 내적 모순이다.
…… 셋째, 완전한 결정주의를 긍정한다 할지라도 변화는 가능한 것이
다. 왜냐하면 그 결정주의는 전형적인 것도 아니고 정확하게 예측할
수 있는 것도 아니기 때문이다.[16]

99

---

16) R. H. Wozniak, "A dialectical paradigm for psychological reserch:
  implications drawn from the histotry of psychology in the Soviet Union",
  1974, in Edited by Peter Lloyd and Charles Fernyhough, *LEV
  VYGOTSKY Critical Assessments*, (*Vol. I*), 1999a, pp.233-234.

마르크스주의자들에 의하면 인간의 지식은 절대적인 것을 향해 진보한다. 그러나 어떤 주어진 시점에서의 지식은 상대적인 것이다. 현실의 반영은 비록 여러 가지 방식으로 정확할지라도 완전한 반영은 아니며 계속해서 발전하고 수정되고 정교화된다. 이것이 인간의 지식이 갖고 있는 변증법적인 성격이다. 지식은 그 가능성과 발전의 집합적 종점의 관점에서 볼 때 절대적인 것이며 또한 시간상 특수한 표현이라는 관점에서 볼 때 상대적인 것이다. 따라서 변증법적 유물론에 관한 상대적 지식과 절대적 지식 사이에 어떤 고정된 불변의 경계가 존재하는 것이 아니다.

지식은 계속적인 변화의 과정에 있다. 유물론적인 변증법은 우리의 모든 지식이 지니고 있는 상대성을 인정한다. 그렇지만 여기서 말하는 상대성은 객관적인 진리를 부인한다는 의미가 아니라 우리의 지식이 진리에 접근하면서 그 지식의 정도를 결정하는 역사적 조건을 고려해야 한다는 점에서 그렇다는 것이다. 이러한 변증법적 사고에 의한 심리학은 인간의 의식을 그 발생과 형성의 관점에서 연구해야 한다는 것이다. 그리고 발달은 구체적인 사회적, 역사적 조건 내에서 그리고 객관적으로 존재하는 물질계 속에서 일어난다는 사실을 고려해야 한다는 것이다.

세계가 계속적으로 변화하고 발전한다는 변증법적 방법의 주요 원리를 심리학에 적용할 때 우리는 인간 심리의 기능 작용을 그 발생과정에 초점을 맞추어 연구해야 하고 시간이 가면서 그 기능 작용에서 어떤 변화가 일어나는가에 주의를 기울여야 하는 것이다.

비고츠키의 발생적 분석에서 기본적인 특징은 어떤 하나의 설명적 원리로 발달의 모든 단계를 설명할 수는 없다고 가정하는 데 있다. 그에게 있어서 중요한 문제는 발달의 여러 요인들 사이의 변화 관계를 설

명하는 것이다. 따라서 그는 발달이 유일하게 자극-반응 관계와 같은
어떤 심리적 단위의 양적 증가에 의해 설명될 수는 없다고 본다.

인간의 심리적 발달을 설명하기 위해 어떤 설명 원리를 찾기보다는
인간의 심리적 발달 과정상 어떤 시점에 이르러 발달의 새로운 모습
이 나타나는가에 주목해야 한다. 그는 인간의 어떤 시점에 이르러 나
타나는 새로운 유형의 변화를 설명하기 위해서는 과거의 심리 발달을
설명하는 원리로는 더 이상 설명할 수 없게 되자 이를 설명할 새로운
일련의 원리가 필요하게 되었다.

환원주의나 생물학적 결정론을 거부한 비고츠키는 이러한 설명 원
리를 위해 마르크스 심리학을 차용한다. 그의 발생적 분석에서 주요한
전환점은 새로운 매개 개념의 출현인데 이러한 매개는 기호, 즉 언어
이다. 이것이 비고츠키 발생적 분석에서 질적인 변환과 관련되는 대목
으로서 언어적 자기규제를 설명하는 핵심적인 이론적 토대를 제공한
다. 그리고 이러한 언어 매개[17]로 인한 질적 변화의 개념은 유물변증
법의 영향을 받은 것이다.

변증법적 유물론은 헤겔의 세 가지 법칙, 즉 첫째는 양적 변화의 질
적 변화로의 변형 법칙, 둘째는 대립물의 통일과 투쟁 법칙, 그리고
셋째는 부정의 부정 법칙에 기초한다. 마르크스와 엥겔스는 인간 의식

---

17) 비고츠키는 언어의 매개 기능에 대해 "기억하기, 비교하기, 보고하기, 선
택하기 등의 심리적 문제들을 해결하는 보조 수단으로서 기호를 발명하고
이용하는 것은 심리적 측면에서 도구를 발명하고 이용하는 것과 유사하
다. 기호는 노동에서의 도구의 역할과 유사한 방법으로 인지 활동에서의
도구로 작용한다. …… 기호와 도구의 기본적인 유사점은 그것들 각각이
매개 기능을 갖는다는 점이다. …… 도구는 외부 지향적이며 대상에 변화
를 초래한다. 도구는 자연을 숙달하고 이겨내며 목적을 달성하려는 인간
의 외적 활동의 수단이다. …… 한편 기호는 자신을 숙달시키려는 목표를
갖는 내적 활동의 수단으로서 내부 지향적이다"라고 말한다.
Vygotsky(1978), pp.52-55.

의 창조에 노동 활동이 매우 중요하며 노동 활동 가운데 엥겔스의 도구의 역할에 비고츠키는 관심을 집중한다. 그는 엥겔스가 주장하는 노동 활동에 필요한 도구의 매개 개념을 확대하여 심리적 도구의 개념에 적용한다. 비고츠키는 심리적 도구의 의미론적 그리고 의사소통적 특성을 강조하면서 기호라는 용어를 사용한다.

그는 심리적 도구, 즉 언어기호는 정신기능을 질적으로 변형시키는 특성을 가지고 있다고 본다.

66

행동 과정에 포함됨으로써 심리적 도구로 인해 인간의 정신기능은 흐름과 구조에 있어서 완전히 변경된다. 기술적 도구가 노동 작업의 형태를 결정함으로써 자연적인 적응의 과정을 변경하듯이 심리적 도구는 새로운 도구적 행위의 구조를 결정함으로써 변경한다.[18]

99

비고츠키는 심리적 도구는 정신기능을 촉진할 뿐만 아니라 정신기능을 변형시키는 기능을 한다고 본다. 그는 발달을 점진적인 양적 증가의 흐름으로 보지 않고 심리적 도구의 변화와 관련한 근본적인 질적인 변화로 간주한다. 그는 매개 개념을 일련의 증가된 양적인 변화로서 개체 발생을 계획하는 것이 아니라 심리적인 도구와 결합된 일련의 혁명으로 간주한다.

이때에 나타나는 발달의 전환점은 새로운 매개 형태의 출현과 관련된다. 매개 역할과 질적 변화에 관한 비고츠키의 추론의 기본 관점은 초등과 고등 정신기능 사이의 특성과 관련된다. 그는 일반적인 전략을 통해 기억, 주의력, 인지와 같은 기본적 사고인 정신적 기능이 어떻게 처음에 기본 형태 속에서 나타나고 그 다음에 고등 형태로 변화하는가를 검증하고자 했다. 그의 이러한 접근은 발달의 자연적 그리고 사

---

18) Vygotsky(1930), In Wertsch(Ed.)(1981a), p.137.

회문화적 노선 사이의 특징과 결부된다. 자연적 발달은 기본 정신기능을 생산하지만 사회문화적 발달은 기본 정신기능을 고등정신기능으로 전환하는 것이다. 비고츠키가 주목한 것은 어떻게 초등 정신기능이 고등정신기능으로 전환하는가에 있었으며 전환의 매개로서 그는 기호, 즉 언어[19]에 주목하였다.

② 고등정신기능의 언어적 중재

문화의 내면화는 매개 기제를 통한 개인 간의 상호 작용으로 이루어진다. 비고츠키의 매개에 대한 개념은 마르크스와 엥겔스에게서 영향을 받았다.[20]

비고츠키는 인간의 정신적인 삶에 있어서 '심리적 도구' 혹은 '기호'로서 언어의 역할을 강조한다. 비고츠키는 가장 중요한 심리적 도구로서 언어에 관심을 집중했다. 왜냐하면 언어란 의미론적 그리고 의사소통적 특성을 가지기 때문이다. 혼잣말처럼 심리적인 언어는 특별한 정신기능에 있어서 부분적인 역할을 시작할 때 그 기능은 기본적으로

---

19) 피아제는 아동의 발달을 탈자기중심화에 있다고 보고 자기중심적 성향에서 사회적 성향으로 전환하는 것으로 이해한다. 따라서 혼잣말을 하는 자기중심적 언어는 사회적 목적과는 아무런 관련이 없는 것으로 간주한다. 그러나 비고츠키는 피아제의 이러한 관점을 거부한다. 그는 아동의 자기중심적 언어는 자기중심적 성향을 외부에 드러내는 무의미한 현상이 아니라 언어와 사고의 발달에 있어서 필수적인 현상으로 개인 간 차원의 사회적 언어와 심리적 차원의 내적 언어의 과도기적 현상으로 간주한다. 자기중심적 언어는 연령이 증가함에 따라 사라지는 것이 아니라 오히려 내면화되어 내적 언어가 되어 인간에게 고유한 방식으로 정신기능을 형성한다는 것이다. 언어가 사고를 통해서 발달한다고 보는 피아제의 입장과는 달리 비고츠키는 사고는 언어를 통해서 발달한다고 본다(*Ibid.*, pp.119-120).
20) Wertsch(1985), p.77, J. V. Wertsch 저, 한양대 사회인지발달연구회 모임 역, 『비고츠키 마음의 사회적 형성』 정민사, 1999, p.91.

변형된다.

비고츠키에 있어 심리적 도구는 존재하는 정신적 과제의 작용을 단순히 촉진하지는 않는다. 오히려 새로운 심리적 도구의 도입은 기본적으로 주어진 기능을 재조직하고 변형한다. 비고츠키에 있어 이러한 변형은 특별히 아동 초기에 있어 침묵적이라는 것을 상기시킨다. 자기중심적 언어(내적 언어를 향한 중재적 단계)의 출현으로 언어가 자신의 입장에서 '사고의 도구'로서 사용되기 시작할 때 아동을 돕는 도구는 활동을 계획하고 문제를 해결한다.

비고츠키의 언어적 중재의 개념은 발달 과정에 대한 그의 관점을 형성한다. 그는 일련의 증가된 양적 변화로서 개체 발생을 고려하는 것이 아니라 오히려 기본적인 질적인 변형이나 혹은 심리적인 도구의 변화와 결합된 일련의 혁명으로서 고려한다.

심리적 도구의 특성은 본질적으로 개인적인 것이 아니고 사회적인 것이다.[21) 워치에 의하면 여기에는 두 가지 의미가 내포되어 있다.[22) 첫째, 심리적 도구들은 사회문화적 산물이라는 점에서 사회적이라는 것이다. 심리적 도구들은 개인에 의해 만들어지거나 개인이 자연과 상호 작용 하는 가운데 발견한 것도 아니며 그렇다고 본능이나 무조건적인 반사에 의해 유전된 것도 아니라는 것이다. 대신에 심리적 도구의 접근은 개인이 사회문화적 환경의 일부가 됨으로써 가능하다는 것이다.

둘째, 개인의 의사소통 상황의 역동성을 강조하면서 대면적 의사소통과 사회적 상호 작용과 같은 국지적인 사회현상에 관심을 가진다는 것이다. 이 점은 기호가 처음에는 사회적인 목적을 위해 사용되는 수

---

21) *Ibid.*, p.137.
22) Wertsch(1985), p.95.

34

단으로서 타인에게 영향을 주는 수단이었다가 나중에는 자기 자신에게 영향을 주는 수단이 된다는 것이다.[23] 비고츠키의 이러한 견해는 언어에 대한 견해에도 비슷하게 나타나는데 언어의 일차적인 기능은 의사소통을 하고 사회적 접촉을 하며 주변 사람들에게 영향을 미치는 것이라고 주장한다.[24]

인간은 자연으로부터 자극에 반응할 뿐만 아니라 그 자극을 능동적으로 변형시키고 그 변형을 행동의 도구로 삼는다. 그러므로 인간의 정신 활동은 도구에 의해 매개된 반응이다. 비고츠키는 언어도 인류가 만들어 낸 중요한 도구로 간주하고 도구를 통해 매개된 반응이란 자극에 대한 무조건반사가 아니라 도구를 사용하여 스스로의 행동을 조직한다는 뜻이다. 그에 의하면 아동이 자신의 행동을 새롭게 조직할 때는 그와 동시에 주위 환경과의 새로운 관계를 설정하게 되며 이 같은 인간 특유의 행동 양식으로 지능이 나타난다는 것이다. 아동이 배우게 될 정신적, 물리적 도구는 사회문화적으로 조직되며 인류의 오랜 역사를 통해 창조되고 발달된다. 따라서 인간 행동에 대한 연구는 바로 이 도구의 내면화 과정의 탐구일 것이다.

비고츠키에 있어서 중요한 심리적 도구는 언어이다. 언어는 모든 인간 문화에서 보편적으로 볼 수 있는 심리적 도구이다. 언어는 각 문화의 모든 구성원들에 의해 창조되고 공유되기 때문에 문화적인 도구이다. 그리고 언어는 각 구성원들이 사고하기 위해 사용하기 때문에 정신의 도구이다. 또한 언어는 다른 도구의 획득을 촉진하고 여러 정신적 기능들을 위해 사용되는 기초적인 도구이다.

---

23) Vygotsky(1930), In Wertsch(Ed.)(1981a), pp.157-158.
24) *Ibid.*, pp.80-81.

66

모든 고등정신기능은 매개된 과정이다. 기호는 그러한 과정을 숙
달하고 지시하는 데 사용되는 기본 수단이다. 매개하는 기호는 전
체 정신구조의 과정에 있어서 필수 불가결한 따라서 실제로 중추
적인 부분으로 통합되어 존재하게 된다.[25]

99

2) 피아제의 발생적 인식론

비고츠키는 피아제에게서 지적인 영향을 많이 받았다. 그러나 그는
피아제의 발생적 인식론에는 입장을 같이하지만 언어와 사고에 관한
부분에서는 입장을 달리하였다.[26]

(1) 발생적 인식론(genetic epistemology)

비고츠키는 마르크스 심리학의 토대 위에서 인간의 지식은 선천적
인 것이 아니라 형성되는 것으로 보았다. 그는 발달적 측면에서 발생
적이란 말을 사용하였다. 발생적이란 어떤 현상의 본질은 그것의 기원

---

25) L. S. Vygotsky, *Thought and Language*, Edited and translated by
   Eugenia Hanfmann and Gertrude Vakar, Cambridge, MA: The MIT
   Press. (Original work published 1934), 1962, p.56.
26) 비고츠키는 피아제에게서 아동에 있어서 언어와 사고의 관계에 관해 많은
   영향을 받았지만 후에 이를 토대로 피아제의 견해에 대한 비판을 제기한다.
   비고츠키는 피아제의 자기중심적 언어를 설명하면서 자기중심적 언어는 의
   사소통적 언어가 아니며 정신 간에서 정신 내로 전환하는 단계에 나타난다
   고 주장했다. 다시 말하면 자기중심적 언어란 사회적 행동을 매개하는 기능
   과 개인의 행동을 매개하는 기능의 전환기에 나타난다고 주장했다.

과 전개 과정의 연구를 통해서만 파악될 수 있다는 것이다. 따라서 어떤 정신적 행위나 혹은 활동은 구체적인 정신적 활동으로 독립적으로 고려될 수 없고 점진적 발달 과정의 산물로 보아야 한다는 것이다. 비고츠키의 이러한 관점은 다음 글에 잘 나타난다.

66

우리는 발달의 결과에 관심을 두기보다는 고등정신이 형성된 그 과정에 관심을 둘 필요가 있다. …… 탄생에서 죽음까지의 모든 단계와 변화에 있어서 주어진 사물의 발달 과정을 연구에 포함한다는 것은 기본적으로 그것의 본질, 그리고 본성을 발견하는 것을 의미한다. 왜냐하면 움직임만이 육체가 현재 어떻다는 것을 보여주기 때문이다. 따라서 행동에 관한 역사적 연구는 이론적 연구의 보조적 측면이 아니라 오히려 그것의 토대를 형성한다.27)

99

이러한 점에서 비고츠키의 발생적 인식론은 피아제(Piaget)의 인식론에 동조하였다. 피아제는 전통적인 인식론인 경험론과 합리론을 비판하고 발생적 인식론28)을 주장하였다. 그는 경험론의 백지설은 지식이 개인에 의해 구성된다는 점에 대해 구조 없는 발생이라고 비판하고 논리적 원칙들을 선천적인 것으로 파악한 합리론을 발생 없는 구조라 비판하였다.29) 그리고 개인에 의해 능동적으로 지식이 구성된다

---

27) Vygotsky(1978), pp.64-65.
28) 피아제의 발생적 인식론은 다학문적인 접근으로 철학에서 합리론과 경험론, 생물학에서 다윈(Darwin)의 돌연변이설과 라마르크(Larmark)의 용불용설 그리고 심리학에서 연합주의와 게스탈트학파(Gestalt)를 변증법적으로 종합한 것으로써(장상호, 『발생적 인식론과 교육』, 교육과학사, 1999, p.17) 생물학적 적응 기제를 인간의 인지적 적응에 적용하여 지적인 적응은 인식 주체와 인식 대상간의 상호 작용, 즉 인간의 지식과 지능은 개인과 환경간의 상호 작용에 의해서 그 개인 내부에서 점차적으로 구성된다는 입장이다.
29) 마거릿 보든 지음, 서창렬 역, 『피아제』, 시공사, 2001, p.150.

는 칸트의 입장을 공유하였다. 그러나 피아제는 칸트와는 달리 시간이
나 공간과 같은 선험적 형식을 인정하지 아니하고 선험성이 처음부터
나타나는 것이 아니라 지능 발달의 마지막에 나타나며 지식은 개인과
환경과의 상호 작용에 의해 끊임없이 재구성된다[30]고 주장하였다.

66

  경험론자의 관점에서 볼 때 하나의 발견은 그것을 성취한 사람
에게는 새로운 것이지만 발견된 것은 이미 외부 세계에 존재했던
것이므로 새로운 실재의 구성이란 결코 있을 수 없다. 선험론자는
지식의 형식들이 인식 주체의 내부에 이미 결정되어 있다고 믿기
때문에 여기에도 역시 새로운 것이란 있을 수 없다. 이와는 대조적
으로 발생적 인식론자에게 있어서 지식이란 계속적인 구성의 결과
물이다. 왜냐하면 이해라는 행위의 각각에는 어느 정도의 창조가
포함되기 때문이다. 발달에 있어서 한 단계로부터 다음 단계로의
변천은 이전의 외적 세계나 인식 주체의 마음에 없었던 새로운 구
조의 형성에 의해 특징지어진다.[31]

99

  그러나 피아제의 발생적 인식론은 인지적 구성[32]을 주로 물리적 대
상과의 상호 작용의 결과로 지능의 근원을 생물학적 적응에서 찾으려
했다.[33] 피아제는 생물학적 행위들은 곧 물리적 환경에 대한 적응의

---

30) 장상호, 앞의 책, p.22.
31) 위의 책, pp.17-18.
32) 피아제의 인지발달이론을 이해하기 위해서 우리는 먼저 그의 인식론적 입
    장, 즉 구성주의적 견해를 이해해야 한다. 그는 기존의 철학적 인식론을
    검토하고 자신의 인식론적 입장을 분명히 한다. 그는 지식은 개인과 환경
    과의 상호 작용을 통해 능동적으로 개인 내부에서 구성해 나가는 과정으
    로 설명한다.(위의 책, p.22.)
33) 피아제는 지능도 고차적인 적응의 한 형태로 파악하였다. 지능은 하나의
    구조로서 존재하며 적응과 조직화라는 기능을 통해 더 능률적이고 발전된
    구조를 획득한다. 지적 발달이란 결국 지능의 구조가 저차원적 구조에서
    고차원적 구조로 변화해 가는 것이며 피아제의 발생적 인식론은 이 과정

행위이며 환경을 조직하도록 돕는 기능을 수행한다고 믿었다. 또한 인지발달의 기본 원칙들은 생물학적 발달의 원칙들과 유사하다고 보았다.

피아제의 이론에서 핵심적 개념들은 스키마, 동화, 조절 그리고 비평형화 등이다. 그의 이론에서 이러한 개념들은 인지발달이 어떻게 그리고 왜 일어나는가에 대한 설명을 가능하게 한다. 스키마(schema)는 어떤 상황들을 공통된 속성에 따라서 인식하거나 분류할 경우 이러한 상황을 조직하는 지적인 구조이다. 따라서 스키마는 아동들이 일관된 방식으로 지식을 분류한다는 의미에서 반복적인 심리적 상황인 것이다.

예를 들어 한 아동이 일관되게 소를 개로 분류한다면 우리는 그 아동의 개념들인 소와 개에 대한 스키마의 성격에 대해 추론할 수 있다. 즉 어떤 아동이 다리 네 개, 고양이보다는 큰 몸집, 우호적이고 젖어 있는 코 등의 개가 가진 모든 특성, 즉 개에 대한 스키마 속으로 소를 포함시키는 경우를 생각해 볼 수 있다. 성인의 스키마는 적응(adaptation)과 조직화(organization)를 통해 아동의 스키마로부터 진화하게 된다.

그러므로 지적 발달은 구성과 재구성의 연속적 과정이 되는 것이다. 동화(assimilation)는 새로운 인지적 혹은 개념적 대상을 이미 존재하는 스키마 혹은 행위의 패턴 속으로 통합시키는 인지적 과정이다. 흔히 아동들은 새로운 사건이나 자극을 그 당시에 자신이 가지고 있는 스키마 속으로 통합시키는 경향이 있다. 동화는 이론적으로 스키마의 변화를 유발하지 않고 스키마의 성장에 도움을 주면서 발달의 일부분이 된다.

하지만 간혹 외부의 자극이 이미 존재하는 스키마 속으로 동화될 수 없는 상황이 발생한다. 이 경우 마치 파일에 새로운 카드를 포함시키듯이 자극을 위치시킬 수 있는 새로운 스키마를 만들거나 이미 존재하는

_____

을 탐구하기 위한 것이다.

스키마를 조정할 수 있다. 이와 같이 새로운 스키마의 구성과 이미 존재하는 스키마의 수정 모두를 조절(accommodation)이라고 부른다. 그러므로 조절은 질적인 변화라는 측면에서 발달을 설명해 주는 대신, 동화는 양적인 변화라는 측면에서 성장을 설명해 준다.

피아제는 이러한 동화와 조절의 균형 상태를 평형(equilibrium)이라고 불렀다. 비평형(disequilibrium)은 자신의 예상이 경험에 의해 확인되지 않을 경우 발생하는 인지적 갈등상태를 의미한다. 비평형은 아동에게 평형을 추구하도록 동기화(motivation)한다. 피아제의 이론에서 지적 발달을 위한 동기화의 주요한 원천은 바로 비평형화이다. 비평형은 동화와 조절, 즉 평형화의 과정과 평형으로 나아가려는 노력을 원활하게 만든다. 유기체는 종국에는 조절을 동반하거나 조절 없이 자극을 동화시켜 나감으로써 평형에 도달한다.

그러므로 평형은 결국 동화의 상태에 도달된 인지적 균형의 상태로 간주된다. 새로운 자극을 경험하고 있는 아동은 이미 존재하는 스키마 속으로 이 자극을 동화시키려고 노력한다. 이것이 성공적이라면 평형은 그 순간에 획득되지만 만약 아동이 자극을 동화시킬 수 없다면 그는 이미 존재하는 스키마를 수정하거나 새로운 스키마를 구성함으로써 조절에의 노력을 기울인다. 이것이 이루어지면 자극에 대한 동화가 진행되고 평형의 상태에 도달하게 된다. 결론적으로 평형화는 동화-조절의 과정을 조절(regulate)하는 내적인 메카니즘인 것이다. 따라서 인지적인 성장과 발달은 곧 자기 조절적 과정(self-regulatory process)이 되는 것이다.[34)]

하지만 피아제와 달리 비고츠키에 있어서의 인지적 구성은 항상 사

---

34) 정창우, "피아제와 비고츠키 이론의 도덕교육적 함의에 관한 연구", 『도덕윤리과교육 제13호』, 한국도덕윤리과교육학회, 2001. 7, pp.209-210.

회적으로 매개된다. 그는 인간의 지식은 타고나는 것이 아니라 형성된다는 점에서는 피아제와 견해를 같이하지만 지능의 기원을 사회문화적 관점에서 찾는다는 점에서는 피아제와 견해를 달리한다.4646

또한 비고츠키는 발달에 대해 개체 및 계통 발생 등의 모든 발생적 영역들을 모두 포함하는 것이어야 함을 다음과 같이 설명한다.

"

    우리의 과제는 행동의 발달에서 세 가지 기본 노선, 즉 진화적, 역사적, 그리고 개체 발생적 노선을 추적하여 문명화된 인간의 행동이 발달의 세 가지 노선 모두의 산물이라는 것을 보여주고 그 행동은 인간의 행동 역사가 형성되는 세 가지 상이한 길의 도움으로만 이해되고 설명될 수 있다는 것을 보이는 것이었다.[35]

"

이처럼 비고츠키에 따르면 발달이란 모든 발생 영역들을 포함하는 통합적인 것이다. 그렇기 때문에 그는 단일한 설명 원리로 발달의 모든 측면을 설명할 수 없다고 인식하며 발달을 단일한 원리로 설명하고자 하는 개체 발생적 접근을 비판한다. 다시 말하면 비고츠키는 구성주의적 인지발달론적 입장을 수용하면서도 적응과 평형화 등과 같은 단일한 설명 원리 체계로 인지발달을 설명한 피아제 접근의 수용을 거부한다는 것이다.

이와 같이 비고츠키의 발생적 분석의 기본 주장은 인간의 정신 과정들을 충분히 이해하기 위해서는 성장하는 동안에 그 과정들이 어떻게 일어나고 어느 시기에 나타나는지를 고려해야 한다는 것이다.[36] 그는 자신의 발생적 접근을 발달 관점을 고려함이 없이 심리적 현상을 분석하려는 관점과 비교하면서 발생적 접근을 고려하지 않는 그러한 연구는

---

35) Vygotsky(1981a), p.3.
36) J. V. Wertsch(저), 한양대사회인지발달연구모임(역), 앞의 책, p.27.

기술할 수는 있지만 설명할 수는 없다고 주장한다.

"

레윈(Lewin)에 따르면 우리는 기술적 관점과 설명적 관점 사이의 특징을 심리학에 적용할 수 있다. 발달적 연구란 그것의 발생그리고 인과적 역동적 토대를 드러내는 것을 의미하며 현상적 연구란 대상의 현재의 특징과 특성을 직접적으로 분석하는 것을 의미한다. 이러한 단점의 혼란 때문에 나타나는 심각한 잘못을 범해온 심리학적인 사례를 제공하는 일이 가능하다.[37]

"

비고츠키는 인간의 고등정신기능의 현상을 기술하기보다는 설명하고자 한다. 그동안의 소련 심리학은 고등정신기능을 현상학적으로 기술했을 뿐 과학적으로 설명하지 못했다는 것이다. 이에 비고츠키는 인간의 고등정신기능을 발생적 방법으로 설명하고자 하였다.

결론적으로 비고츠키는 인간 정신 과정의 발달을 설명하기 위해서는 피아제 식의 개체 발생적 접근은 물론이고 계통 발생적 접근, 사회문화 역사적 접근, 그리고 미소 발생적 접근까지 포함하여 고찰해야만 한다는 것이다.[38] 이것이 비고츠키 언어적 자기규제에서 개인 간에

---

37) Vygotsky(1978), p.62.
38) 비고츠키의 발달에 대한 견해는 개체 발생 이외에도 계통 발생, 사회문화의 역사, 미소 발생(microgenetic) 등의 네 가지 발생 영역을 고려한다. 계통 발생에 관한 그의 견해는 유인원과 인간과의 비교를 통해 인간의 본질적 차이를 규명하고 있고 사회문화의 역사에 관해 그는 인간 행동의 역사적 발달 과정과 생물학적 진화 과정은 일치하지 않는다고 주장한다. 다윈의 진화론은 계통 발생을 지배하는 원리로 설명되는 것이라면 사회문화적 변화의 설명 원리로서 그는 고등정신기능을 둘(기초, 고등 정신기능)로 나누고 변화의 기제로서 매개 수단, 즉 언어를 들고 있다. 또한 개체발생 영역의 설명을 위해 자연적 발달 국면과 문화적 발달 국면으로 나누고 동물과 인간의 계통 발생을 설명한다. 그의 미소 발생에 관한 견해는 단기적으로 형성된 심리과정에 관한 것과 개인의 지각적 혹은 개념적 행위에서 나타난다 (한순미, 앞의 책, pp.54-60.)

존재하는 통제 기제가 개인 내에 존재하는 규제기능으로 전환하는 현
상을 설명하기 위한 비고츠키의 발생학적 접근법이다. 또한 발생적 방
법론의 언어와 사고와의 관계 속에서 고등정신기능의 발달을 설명한
다. 이를 구체적으로 살펴보자.

(2) 언어와 사고의 관계

비고츠키는 언어와 사고는 서로 독립된 노선을 따라 발달하다가 약
2세가 되면 서로 통합되어 언어적 사고가 나타나는데 사고는 언어화
되고 말은 합리적으로 된다고 한다. 그는 사고 없는 언어와 언어 이전
의 사고를 모두 상정하고 언어 이전의 사고를 실용적 지능으로 그리
고 언어와 결합된 이후의 사고를 고등정신기능이라고 명명하였다. 그
리고 그는 전자의 근원은 생물학적인 것에서 찾으려 했고 후자의 근
원은 사회문화적인 것에서 찾으려 하였다.

비고츠키는 고등정신기능이란 서로 다른 근원을 가진 사고와 말의
곡선이 나란히 발달하다가 통합과 분리를 되풀이하는 실용적 지능과
언어의 변증법적 통합을 통해 형성된다고 파악하였다. 따라서 비고츠
키에 있어서 사고의 발달은 언어와 분리해서 생각할 수 없다.

66

사고와 말에 대한 발생적 연구를 통해 밝혀진 가장 중요한 사실
은 이들의 관계가 많은 변화를 겪는다는 것이다. 사고의 진보와 말
의 진전은 병행적인 것이 아니다. 이들의 성장 곡선은 교차하고 또
다시 재교차한다. 둘은 평행적으로 달리기도 하고 어떤 때에는 병
합되기도 한다.[39]

99

---

39) Vygotsky(1962), p.43.

그에 의하면 언어발달은 다른 정신적 조작의 발달과 같은 과정을 밟는다고 보며 이는 네 단계를 거친다.[40]

첫째 단계는 원시적 혹은 자연적인 단계로서 전-지적 언어(pre-intellectual speech)와 전-언어적 사고(pre-verbal thought)에 해당되며 이때의 조작은 가장 초보적인 수준의 행동이 변형됨이 없이 그대로 나타난다.

둘째 단계는 소박한 심리의 단계로서 아동은 자기 신체와 주위 사물 간의 접촉을 통해 물리적 경험을 하게 되고 이 경험을 토대로 하여 실행에 옮긴다. 이 단계는 아동의 언어발달에서 현저하게 나타난다. 아동들은 인과적, 조건적, 시간적 관계를 파악하기 이전부터 '~ 때문에', '만약, ~할 때에'라는 말을 사용한다.

세 번째 단계에서는 자기 내부의 문제 해결을 위해 신체의 일부나 기호의 보조물을 사용한다. 예를 들면 손가락으로 셈을 한다든가, 기억을 위해 다른 보조물을 이용하기도 한다. 이 시기의 언어는 자기중심적 언어로 특징지어진다.

넷째 단계는 내적 성장의 단계로서 아동은 내재적 관계나 내적 기호 등을 사용하여 머릿속으로 조작한다. 이때의 언어는 최종 발달 단계인 내적 언어의 단계이다.

이러한 언어발달이나 조작 능력의 방향은 유기체의 외부에서 내부로 진행된다는 점에 주목할 필요가 있다. 이것은 언어와 실용적 지능이 공동으로 조작 능력의 발달에 참여하기 때문이다. 이처럼 사고와 언어와의 관계가 밀접히 관련되어 있음에도 불구하고 많은 심리학자들은 이를 간과했다고 그는 지적한다. 또한 비고츠키는 자기중심적 언어에 대한 피아제의 설명도 아동의 적응 행동과 기호 사용을 서로 얽

---

40) *Ibid.*, pp.46-48.

혀 있는 것으로 보지 않고 각각 평행적으로 발달하는 것으로 보고 있다고 비판한다.

비고츠키에 의하면 실용적 지능과 기호 사용이 아동에게는 서로 독립적으로 작용한다 하더라도 성인에게는 이들 체계가 변증법적 통합을 이루고 있다고 본다. 그에 따르면 언어는 아동이 자신의 행동을 조직하는 도구일 뿐만 아니라 사회화에 결정적인 역할을 한다. 고등정신기능은 언어를 내면화함으로써 실용적 지능을 사회화된 지능으로 변환해 놓은 산물이다.

그러므로 실용적 지능의 단계를 넘어서면 사고발달에서 언어의 역할은 중요해진다. 아동은 언어를 내면화할 때 언어에 내포되어 있는 사회적 의미를 동시에 내면화한다. 이렇게 본다면 사회의 가치나 도덕 혹은 전통이 내면화되는 통로가 되는 것은 바로 언어이다. 즉 사고발달은 언어를 통해 가능하며 이는 사회의 문화적 구조를 반영하는 것이며 사회문화적 맥락 속에서 이루어지는 것이다.

66

아동의 지적인 성장은 사고의 사회적 수단이 언어를 얼마나 잘 숙달하느냐에 달려있다. …… 만약 우리가 보아왔듯이 내적 언어와 언어적 사고의 발달과 더불어 어린 아동에 있어서나 동물에 있어서 모두 독립된 노선을 따라 발달한다는 초기의 언어와 지력발달에 대해 비교해 본다면 우리는 나중 단계는 단순한 초기 단계의 연속이 아니라는 결론에 도달함이 틀림없다. 발달의 본성 자체는 생물학적인 것으로부터 사회역사적인 것으로 변한다. 언어적 사고는 행동의 타고난 자연적인 형태가 아니라 사회문화적인 과정에 의해 결정되며 사고와 언어의 자연적인 형태 속에서 발견될 수 없는 법칙과 구체적인 속성을 갖는다. 일단 우리가 언어적 사고의 역사적 특성을 인정하기만 한다면 우리는 그것을 모든 전제에 종속되는 것으로 고려해야 한다. …… 그것은 인간사회에서 어떤 역사적 현상임에 틀림없다.[41]

99

처음에 언어는 비지적이며 사고는 비언어적이다. 그러나 어떤 점에 있어 두 노선은 만나고 언어적 사고는 나타난다. 이것이 계통 발생에 있어 전환점이다. 이로부터 언어는 불가피하게 사고와 연결되며 아동들에 의해 숙달된 내적 언어는 아동 사고의 기본 구조가 된다.

비고츠키의 이러한 주장은 아동의 언어와 사고에 관한 피아제의 초기 연구를 비판한 것이다. 피아제는 아동의 '사적' 언어를 '자기중심적 언어'라 불렀다. 이후의 사적 언어는 발달적으로 아동 사고의 미성숙한 본성, 즉 타인과 의사소통하는 데 있어 관심의 결여, 타인 관점의 미고려를 보여준다. 간단히 말해서 7-8세 이하의 아동의 사적 언어는 진정한 사회적 삶이나 어떤 지속적인 사회적 교재의 부재를 반영하고 있다고 할 수 있다. 따라서 피아제는 자기중심적 언어는 아동의 발달에서 긍정적인 기여를 하지 못한다고 주장한다. 달리 말해서 그것은 단순히 자기중심적 사고의 부수 현상이라는 것이다.

비고츠키는 사적 언어가 아동의 발달에 있어서 매우 중요한 역할을 한다고 주장하면서 모든 설명에 대해 피아제에 도전했다고 할 수 있다. 그는 자기중심적 언어가 아동이 활동을 계획하고 문제를 해결하도록 돕는 '도구'로서 기여하면서 자신의 권리 속에서 '사고의 도구'로서 기능한다고 주장했다. 이처럼 그것은 분명히 아동의 인지적 미성숙의 '부산물' 이상이다. 오히려 그것은 사회적 언어와 내적 언어 사이의 발달적 중재자를 나타낸다. '자기중심적 언어'가 사라질 때 그것은 쇠퇴가 아니라 '현상 이면으로 숨는', 즉 내적 언어로 변한다.[42]

---

41) *Ibid.*, pp.94-95.
42) 이 영역에 있어서 어떤 경우에 비고츠키의 초기 주장에 도전하고 지지하는 아동기의 사적 언어에 대한 광범위하고 인상적인 연구 문헌들이 많이 있다(Berk, Diaz, Zivin). 사실 이러한 모든 연구들은 Kohlberg나 Yaeger, Hertshorn의 작품에 의해 영감받았고 비고츠키 연구의 초기 응답은 사적 언어가 초기 사회적 경험에 연결되고 내면화를 향해 진행하는 발달적 길

따라서 자기중심적 사고나 언어를 통한 비언어적인 자폐적 사고로부터 사회화된 언어나 논리적 사고로 움직이는 것을 수반하는 피아제의 인지발달 개념과는 반대로 비고츠키가 제안한 가설(처음에는 사회적이고 그 다음에는 자기중심적이고 그런 다음에는 내적 언어)은 이러한 과정을 역전한다. 그러므로 이것이 발달의 방향에 대한 비고츠키의 설명과 피아제의 관심 사이의 기본적인 차이이다. 자기중심적 언어가 내적 사고를 외형화하는 아동의 시도를 나타내는 것이 아니라 오히려 그것이 아동이 사회적 언어로부터 내적 언어로 움직이는 것처럼 아동이 외적 언어, 즉 사회적 상호 작용을 내면화하는 과정으로 이해하기 때문에 비고츠키는 초기 아동에 있어서 사적 혹은 자기중심적 언어에 특별한 관심을 보인다. 비고츠키는 '사고발달의 진정한 방향은 개인으로부터 사회로가 아니라 사회로부터 개인으로'라고 주장한다.

3) 자넷의 사회심리학

비고츠키의 고등정신 발달 과정은 다른 사람과의 외적인 상호 작용을 통해 개인 내적인 것으로 내면화된다. 이러한 내면화 현상은 사회적 현상을 심리적 현상으로 변형시키는 과정으로서 고등정신기능의 뿌리가 사회임을 나타낸다. 다시 말해서 고등정신기능은 사회적 산물이라는 것이다. 이러한 그의 인지에 관한 사회 발생적 견해는 자넷

을 따르고 과제에 의해 어렵게 증대되었다는 확신하는 증거를 제공했다. 비고츠키는 언어는 신체적으로 내면화되기 전에 심리적으로 내면화되기 때문에 자기중심적 언어는 내적 언어의 연구에 중요한 열쇠를 제공한다고 주장했다. 따라서 자기중심적 언어는 형식에 있어서가 아니라 기능에 있어서 내적 언어이다. 표현형식에 있어서 외적이지만 동시에 그것은 기능과 구조에 있어서 내적 언어이다. 이렇듯, 자기중심적 언어는 내적 언어 연구를 위해 '자연적 실험'을 제공한다.

(Janet)의 사회심리학의 영향을 받는다.

자넷은 오늘날 발달심리학자들에게 잘 알려져 있지 않은 고전 심리학자 중의 한 사람인데 비고츠키는 자신의 사회문화적 이론을 정립하면서 자넷의 생각을 차용하고 있다.[43] 첫째, 자넷의 사회심리학을 수용한다. 자넷은 환원주의(reductionism), 즉 인간 행동에 대한 행동주의적 접근을 분명히 거부한다. 그는 행동심리학이 행위심리학으로 변형되어야 한다고 믿고 그것은 기본적으로 동물의 행동에 관한 연구가 아니라 고등인간의 행위에 관한 연구이어야 한다고 믿는다. 이러한 자넷의 입장은 그대로 비고츠키 이론 속에 수용된다.

둘째, 자넷은 또한 주관주의 심리학에 대해서도 매우 비판적이다. 그는 심리학을 행동과학으로 정의하지만 연구 주제로서 의식을 배제하는 것을 원치 않는다. 그에 의하면 의식은 특별한 행위이며 그것은 인류 역사 속에서 점진적으로 발전한다. 그는 인간 행위를 자극과 반응 혹은 연합의 법칙으로 설명하려는 시도에 대해 매우 비판적이다. 그러한 현상들이 인간 행동에 있어서 어떤 역할을 한다는 것을 부정하지는 않지만 인간 정신은 복잡한 위계적 특성을 가지고 있으며 점진적으로 개체 그리고 계통 발생적으로 진화한다는 것을 강조한다.

자넷은 이러한 관점에 토대를 두고 단순한 반응과 인지적 행위로부터 출발하여 사고, 기억, 그리고 인성까지 인간 행위의 여러 다른 수준을 설명하려 한다. 인간의 인성은 선천적인 것이 아니라 인간적인 구성이거나 창조라고 주장한다. 따라서 그는 오로지 생물학적 혹은 연합 법칙의 연구 결과물에 의해 인성을 설명하려는 어떠한 시도도 반대한다. 그에 의하면 인성은 처음엔 타인의 인성에서 비롯된다.

---

43) Rene Van der Veer and Jaan Valsiner, "Lev Vygotsky and Pierre Janet : on the origin of the concept of sociogenesis", in Edited by Peter Lloyd and Charles Fernyhough(*Vol. Ⅰ*), 1999a, p.169.

> "
> 모든 사회심리적 법칙은 두 가지 국면을 갖는다. 하나는 다른 사람
> 에 관한 외적인 국면이고 다른 하나는 자신에 관한 내적인 국면이다.
> 거의 언제나 …… 첫 번째 유형이 두 번째 유형보다 앞선다.[44]
> "

　이러한 자넷의 심리적 법칙은 비고츠키에 영향을 준다. 아동발달의
두 단계, 즉 발달은 처음 사회적 단계에서 나타나고 그 다음에는 심리
적 단계에서 나타난다는 비고츠키의 주장이 그것이다. 또한 자넷은
"살아 있는 존재는 타인에게 적용하는 사회적 행동을 그 자신 혹은
그 자신의 육체의 행동에 적용한다"[45]고 주장한다. 이것은 개인의 심
리적 과정은 앞선 사회적 기능의 결과로써 진화한다는 것을 의미한다.
일반적인 자넷의 주장은 모든 고등 인간의 행위는 사회적 기원을 갖
는다. 인간의 고등 행위는 처음 사회적 행위로서 사람들 사이에 존재
하고 그런 다음 사적인 행위로서 개인 내에 존재한다. 따라서 이러한
사적인 행위는 사회적인 특성을 보유한다. 따라서 사람들 사이에 존재
하는 정신기능이 개인 내 정신기능으로 내면화되는 매개 기제로서 언
어가 중시된다.

　비고츠키는 고등정신기능의 변형 기제로서 언어에 관심을 둔다. 자
넷 역시 말의 중요성에 대해 언급한다. 그에 의하면 말은 최초에 명령
이었다고 생각한다. 명령의 특성을 갖는 말이란 이러한 초기의 부르짖
음으로부터 발달한다고 생각한다. 예컨대 먹이를 쫓는 개의 짖음은 다
른 개가 따라오도록 하는 명령의 신호이다. 인간에게 명령이 주어지면
인간은 자신의 행위를 스스로 제한한다. 개가 달리는 동안에 개의 우
두머리는 신호를 한다. 그러나 계속해서 신호를 주는 것은 아니다. 그

---

44) *Ibid.*, p.169.
45) *Ibid.*, p.170.

렇지만 그의 부하들은 계속해서 주의를 기울이고 그 행위의 완성에 주의를 기울인다. 이것이 명령의 전형이다.

이처럼 인간의 말도 최초의 명령으로부터 발달해 왔고 여전히 명령과 같은 특성을 갖는다는 것이다. 이것이 언어가 중요한 제2의 자극원천이라고 생각한 이유이다. 말은 명령으로서의 기원 때문에 가장 강력한 사회적 자극이 된다는 것이다. 바로 이러한 자넷의 사상이 비고츠키 사회문화적 관점의 기초로써 작용하였던 것이다.

4) 소련의 신경생리학

비고츠키는 인간과 동물의 심리발달과 심리기능의 공동 토대는 자극과 반응이라고 본다. 그는 인간과 동물의 기본적인 차이는 고등정신기능에 있다고 보고 이의 기원, 즉 고등정신기능의 핵심인 자발적 행위의 기원을 밝히고자 한다. 그에 의하면 고등정신기능은 기호에 의한 행위의 중재에 의존하며 기호는 심리적 도구로서 사용되는 특별한 형태의 자극이라는 것이다. 이러한 점에서 그는 파블로프의 생리학의 영향을 받는다.

이러한 비고츠키의 연구의 토대 위에서 루리아는 보다 심도 있게 신경생리학적 접근을 시도한다. 그리고 신경생리학의 재구심성의 개념을 통해 언어적 자기규제의 구성적 기능을 해명한다. 다시 말해서 개인 간 정신기능의 국면으로부터 개인 내 정신기능의 국면으로의 전환을 점유라고 이해할 때 그 점유의 개념은 단순히 수동적이기보다는 능동적이고 구성적인 측면이 강하다. 이러한 그의 점유의 개념은 정신과정의 체계적인 구조를 명료하게 하고 두뇌 활동의 기본적인 행태를 연구하는 소련 신경생리학과 사이버네틱의 재구심성의 영향을 받는다.

그리고 이러한 소련의 신경생리학은 처음 세체네프에 의해 시작된다. 세체네프에 의해 시작된 소련의 신경생리학은 파블로프와 그 계승자들에 의해 발전한다. 다음에서는 세체네프의 신경생리학, 파블로프의 신호체계, 사이버네틱 모델을 살펴봄으로써 비고츠키의 이론이 소련 신경생리학에 기초를 두고 있음을 밝히고자 한다.

(1) 세체네프의 신경생리학

자발적 행위에 관한 연구는 세체네프의 반사 활동 분석으로 거슬러 올라갈 수 있다. 자발적 행위에 관한 소련 연구는 그의 생리학의 영향을 받았다. 언어적 자기규제 혹은 언어적 통제에 관한 연구에서 세체네프를 불가피하게 중요한 창시자로서 등장시키는 이유는 그의 생리학이 19세기 러시아 심리학의 토대를 형성하기 때문이다. 그의 생리학은 언어를 통해 조직된 자발적 행위, 즉 언어적 자기규제 연구에 매우 중요한 시사점을 제공한다. 자발적 행위에 관한 그의 주장은 세 가지 특성으로 요약된다.46)

첫째, 반사 활동(reflexive activity)은 자발적 그리고 비자발적 활동의 모든 고등정신 현상을 위한 기본 토대가 된다. 그에 의하면 고등 신경 활동은 복잡하거나 단순한 반사작용의 연쇄적 결합이나 통합으로 나타나며 단순한 반사작용이 통합을 이룰 때 반사 활동이나 정신적 반사작용의 새로운 질서가 일어난다. 자발적 행위의 기원에 관해 그는 의지적이거나 지적인 활동은 움켜지거나 감각적 반사행위와 같은 근육운동의 반사적 행위의 반복으로 나타난다고 본다.

---

46) Adrienne Harris, "Historical Development of the Soviet Theory of Self-Regulation", in Edited by Gail Zivin, *The Development of Self-Regulation Through Private Speech*, 1979. p.54.

이 같은 맥락에서 세체네프는 기본적인 지식이란 근본적으로 근육 운동 혹은 감각적인 것이고 그것은 특별한 일련의 반사적 행위의 반복에 의해서 나타나는 비자발적 학습의 결과라고 본다. 이처럼 소련 심리학에서 고등정신 활동의 유일한 기본 토대는 반사작용47)의 개념이다. 이러한 반사작용의 개념은 파블로프와 벡크테레프(Behkterev)와 코르닐로프(Kornilov)의 이론에 영향을 주었고 제1, 그리고 제2 신호 체계의 상호 작용에 관한 스몰렌스키(Smolenskii)와 그의 동료들의 연구에 영향을 끼쳤다.

둘째, 세체네프는 소련 생리학에 재구심성(reafference)의 개념을 도입한다. 비록 이러한 개념은 유럽과 영국 전통의 신경생리학에서 제시되었지만 소비에트 전통에서 심리학적 기능 모델의 특징으로 더 일찍 그리고 더 일관되게 있어 왔다. 언어적 신호의 재구심성을 이용하는 언어적 규제 기제를 설명함에 있어서 루리아는 세체네프로부터 재구심성이 논의되다가 번스타인(Bernstein), 보이코(Boyko) 그리고 아노킨(Anohkin)과 같은 소비에트 심리학자에 의해 활성화된다고 주장한다.

셋째, 세체네프는 자발적 활동에 있어서 억제(inhibition)의 중심 역할을 규명한다. 그에 따르면 억제 능력은 처음에는 외적으로 그 다음에는 내적으로 발달한다는 것이다. 이러한 억제 능력의 발달 과정은 루리아의 단계 모형에서 구체적으로 나타난다. 일단 억제 능력이 확립되기만 하면 억제는 자발적 활동을 부드럽게 조직화한다는 것이다.

그에 따르면 억제는 두 가지 방식으로 달성될 수 있다.48)

첫째, 억제는 상반된 근육체계의 결과로부터 나온다. 그런데 이러한 억제의 기원은 반사적 행위이다. 이러한 억제 기법은 이중 출발 패러

---

47) 반사작용은 수용기와 짝을 이루는 중심사건과 작동체의 세 구조로 이루어 진다.

48) *Ibid.,* pp.54-55.

다임과 같은 루리아의 모델에서 표면화된다. 자신의 언어적 지시나 타인의 명령을 통해서 진행하는 행위를 멈출 수 없는 아동은 모순된 혹은 대립하는 운동 행위를 시작하게 함으로써 진행하는 활동을 효과적으로 억제할 수 있다.

둘째, 억제는 사고 기원의 핵심적인 것으로서 사고발달에 있어서 결정적인 과제를 수행한다. 세체네프에 의하면 정신적 반사작용의 2/3가 사고하기라고 생각했고 사고하기는 반사적 행위의 최종 구성요소인 근육운동의 산출이 보류된 말하기의 반성적 행위가 진화된 것이라는 것이다. 그의 연구에서 처음 등장하는 내면화된 언어 혹은 억제된 언어로서의 사고는 사고에 관한 소비에트 연구에 있어서 오랜 역사를 갖는다. 억제를 통해 달성된 언어활동의 내면화는 활동의 규제와 통제를 위해 루리아에 있어서도 똑같은 기제로 나타난다. 억제, 재구심성, 반사적 행위에 관한 그의 주장은 심리학적 숙고, 근거에 대한 생리학적 접근으로써 소비에트 이전의 시기에 있어서 러시아 심리학을 주도한다.

(2) 파블로프의 신호체계

자발적 반사행위의 분석은 파블로프 손에서 가장 체계적으로 발달한다. 그의 연구는 비언어적 활동의 구체적인 조건화 관계에 관한 탐구와 언어체계를 통해 조건반응의 법칙을 정교화할 뿐만 아니라 언어의 역할에 관한 소비에트 연구에 많은 영향을 주었다. 따라서 언어적 자기규제의 소비에트 분석에 관한 파블로프의 공헌과 영향을 검토하는 일은 매우 중요하다.

조건화(conditioning)[49]에 관한 현상은 오래전부터 인식되어 오고 있었지만 이것을 체계적으로 정리하여 하나의 이론으로 정립시킨 사람은 파블로프이다. 그의 이론은 S-R 연합 이론의 발전에 결정적인 역할을 한다. 그는 원래 개의 소화기능에 관심을 가지고 연구를 시작 했으나 소화기능과는 전혀 다른 방향으로 연구를 전환한다. 그는 개에게 음식을 줄 시간을 알리기 위해 종을 쳤는데 개들이 종소리만 듣고도 침을 흘리는 현상을 발견하고 이에 관한 면밀한 연구를 시작한다.[50]

그는 개가 음식을 보고 침을 흘리는 행동을 무조건반사라 부르고 침을 흘리게 유도하는 행동을 무조건자극이라 하였다. 음식을 줄 때마다 종을 치게 되면 개는 일정 기간이 지난 후에는 종소리만 듣고 음식을 보지 않고도 침을 흘리게 된다는 것을 알게 되었다. 그는 이러한 현상을 조건화라 하고 종소리를 조건자극, 침을 흘리는 행동을 조건반사라 하였다. 이러한 그의 연구는 개뿐만 아니라 인간의 행동에도 적용될 수 있다는 것이다.

또한 그는 인간의 고등정신 활동에 관한 조건화 관계와 자발적 학

---

49) 원래는 중립적이었던 자극이 다른 자극과 결합됨으로써 그 결합된 자극이 자동적으로 유발하는 반응이, 그 자극 없이도 나타나게 되는 현상을 조건화라 한다.

50) 파블로프의 실험은 먼저 개의 턱 밑에 간단한 수술로서 귀밑 침샘의 관이 밖으로 나올 수 있도록 구멍을 뚫어 침이 나올 때 이를 모아 침의 양을 측정할 수 있도록 장치를 마련한다. 실험자는 밖에서 창문을 통해 개의 행동을 관찰할 수 있게 하였다. 그리고 개의 움직임이나 방안의 온도 혹은 소음이 개의 행동에 영향을 주지 않게 하기 위해서 온도와 조명이 일정한 방음실에 개를 멍에에 맨다. 개가 이러한 실험 상황에 익숙해졌을 때부터 실험이 시작된다. 우선 종소리를 울린 뒤 금방 소량의 고기를 개가 먹도록 준다. 물론 종소리가 침을 흘리게 하는 것이 아니라 고기를 보는 것과 입 속에 고기가 들어가는 것이 침을 흘리게 하는 것이다. 이렇게 종소리와 고기를 몇 번 계속해서 짝 지어 준 뒤에 고기는 주지 않고 종소리만 들려도 개는 침을 흘리게 된다. 이성진 ,『교육심리학서설』, 교육과학사, 1997. p.197.

습반응이 정교화될 수 있는 두 가지 반응체계에 대해 설명한다. 그의 제1, 제2 신호체계는 언어와 비언어 체계의 상호 의존성과 상호 작용을 탐구하는 소비에트 심리학자들에게 영향을 주었다. 그는 신호체계를 둘로 구분한다.[51] 직접적인 제1 체계는 분석자와 운동 산물을 연결하고 제2 신호체계(신호의 신호체계)는 언어체계를 통해 정교화된다. 제2 신호체계는 복합반응체계의 일반화와 신호 식별을 위한 특별한 힘을 가지며 그것은 인간 기능과 고등정신기능 과정에서 유일한 것이다.

비고츠키는 제1, 2 신호체계에 대한 파블로프의 분류에 기초하여 신호화와 의미화를 구분하고 고등정신기능의 언어적인 구성적 역할에 대한 이해를 파블로프의 2차 신호체계에 대한 인식에서 구한다.

"

동물과 인간 모두에게 행동의 가장 일반적인 기초가 되는 것은 신호화이다. …… 그러나 인간의 행동에는 독특한 점이 있는데 그것은 인위적인 신호자극을 창조한다는 사실이다. 심리학적 견지에서 인간과 동물을 구분시켜 주는 활동이 바로 의미화이다. 의미화란 인위적인 신호를 만들고 이를 사용하는 것이다. 인간이 능동적으로 환경에 적응하기 위해서는 신호화에 기초할 수 없고 자연적인 행태의 행동으로는 불가능한 연결들을 능동적으로 설정할 필요가 있다. 따라서 인간이 인위적인 자극을 도입함으로써 이 자극들은 행동을 의미하게 되고 신호의 도움을 받아 뇌 속에 외적인 영향을 구성하는 새로운 고리를 만들어낸다.[52]

"

이러한 파블로프의 통찰로부터 그는 언어가 우리를 실재로부터 떨어져 나오게 한다든가 혹은 언어가 즉각적인 감각이나 지각으로부터 인식

---

51) Harris(1979), pp.55-56.
52) J. V. Wertsch, 한양대 사회인지발달연구모임(역), 앞의 책, p.106.

을 변화시킨다는 생각을 갖는다. 그러나 그는 정신 과정이 단순히 자극과 반응이라는 인과적 설명을 거부한다. 그는 아동의 실제적인 조건들을 분석한 후 아동발달의 중요한 요인이 어른과의 인간관계에 있고 행동을 규제하는 외적인 수단, 즉 언어를 사용하는 데 있다고 본다.

이러한 분석은 레닌(Lenin)의 반영 이론과 맥을 같이한다. 레닌은 실제 세계를 의식하는 변증법적 통로를 다음과 같이 제안한다.[53] 첫째는 개인은 실제 세계에 대해서 능동적인 숙고를 하고(제1차적 신호체계), 둘째는 추상적 숙고의 과정이 존재하며(제2차적 신호체계), 셋째는 사고와 실제적 실천을 재통합한다는 것이다. 아무튼 정신기능 이해를 위한 생리학적 탐구의 중요성과 심리학 본성에 관한 파블로프의 공언은 소련 심리학에 많은 영향을 주었는데 파블로프의 주관적인 심리학적 세계에 관한 실험 분석은 생리학적 형태로 환원되거나 토대가 된다. 예를 들어 파블로프에 의하면 뇌 반구는 두 가지 기능, 즉 분석하기와 결합하기의 기능을 갖는다고 주장한다. 이것은 연합과 분별의 심리학적 분류와 필적한다.

파블로프에 있어서 고등정신 활동, 즉 자발적 행위는 반사작용의 총체이다. 그는 생리적 구조와 운동 및 정신기능과의 연합을 시도한다. 파블로프주의자들은 운동기능과 자발적 행동 그리고 이차적 언어체계를 통한 모든 언어와 관련된 행동들을 일련의 조건화 관계로 환원시킨다. 이러한 기능은 파블로프주의자의 조건화 법칙, 즉 자극 혹은 억제의 반사작용, 상호 유도의 집중과 자극의 확연(irradiation)을 통해 파생되고 형성된다. 그리고 그러한 기능들은 기본적으로 자극과 억제의 상대적인 힘에 의존한다. 심리학을 위해 파블로프가 확립한 것은 복잡한 정신 현상이란 단순한 기계적이고 생리학적으로 논증된 법칙의 직접적인 반사작

---

53) Harris(1979), pp.56-57.

용으로 간주되는 엄격한 기계론적 유물론의 형식이다. 이것이 소비에트 심리학에 있어서 파블로프의 직접적인 영향이었다. 이러한 경향은 언어적 통제에 관한 연구를 조직화한다.

자발적 행위를 조건화 관계로 환원하는 파블로프 이론은 여러 학자들에 의해 발전적으로 계승된다. 이러한 조건화 관계의 발전적 연구는 당시 소련 심리학이 자발적 행위를 과학적으로 설명하기 위한 노력이었으며 이러한 소련 심리학의 영향을 받아 비고츠키와 루리아는 자극과 반응의 다양한 실험을 통해 자신들의 언어적 자기규제에 관한 이론을 정립한다. 특히 이들은 자발적 행위를 설명하는데 제2차 신호체계인 언어의 역할의 중요성을 발견하고 자극과 반응 사이에 언어라는 자극을 개입시킨 실험 연구를 통해 언어적 자기규제에 관한 단계이론을 수립한다. 이에 대해 좀더 구체적으로 살펴보자.

스몰렌스키는 파블로프 이론을 계승 발전시킨다. 그는 제1, 제2 차 신호체계의 상호 작용과 이차 신호체계의 특성에 관한 경험적 연구를 실시한다. 그는 제1의 신호체계는 직접적이고 물질적인 자극과 운동반응을 사용하는 것이며 이차적 신호체계는 각기 독특한 자극과 반응체계로서 상징과 언어체계를 사용하는 것으로 정의한다.[54] 그는 조건반응이란 두 체계를 통해 정교화될 수 있으며 역동적인 전이가 언어와 운동체계의 상호 작용으로 신호체계 내에서 작동될 수 있다고 본다.

조건반응은 두 그룹으로 나누어질 수 있다.[55] 하나는 조건반응이 발생된 무조건적인 반응을 재생산할 때 나타난다. 이것을 스몰렌스키는 무조건적인 조건반응이라 불렀다. 다른 하나는 작동체가 무조건적인 조건반응을 재생산하지 않는 조건반응의 형태이다. 이러한 조건반

---

54) *Ibid.,* p.57.
55) *Ibid.,* pp.57-58.

응은 개체 발생에서 획득된다. 그리고 이러한 일시적 조건화 관계가 언어에 의해 형성될 때마다 이런 반응들은 제2 신호체계 내에서 이루어진다.

이러한 이차 신호체계 결합은 습관적으로 일차 신호체계 결합을 대신한다. 제1 신호체계의 반응 강화와 같은 직접적 방식은 더디게 정교화되지만 언어체계를 통한 제2 신호체계의 결합은 즉각적이다. 스몰렌스키는 인간의 특별한 상호 관계의 결과로서 규정한 이차 신호체계의 특성과 힘을 이처럼 설명한다.

자발적 행위는 일시적인 조건반응의 달성을 통해 설명된다. 언어체계가 이러한 반응의 정교함과 관련될 때 자발적 행위는 발달된 특성을 나타내며 활동은 더 빨리, 더 부드럽게, 일관되고 견고하게 확립된다. 2차 신호체계의 통제나 개입을 통해 자발적 활동은 추상적이고 더 높은 질서 원리 위에서 일반화된다는 것이다. 2차 신호체계가 일시적인 조건화 관계의 발달에 여러 방식으로 개입될 수 있다. 따라서 언어적 자극은 직접적인 자극과 결합하여 제공될 수 있다.

조건 관계를 형성하는 방법에는 직접적인 강화, 모방, 자발적 탐구 등이 있다. 여기에는 고전적 방식, 즉 조건 혹은 무조건적 자극에 의한 조건반응과 언어적 지시를 통해 정교화되는 조건반응이 있다. 예컨대 '빨간 불에 전구를 누르라'라는 것은 대상 자극과 개인 운동반응 사이의 즉각적인 조건 관계를 창출하는 제2신호체계이다. 따라서 언어 자극으로 정교화된 조건반응의 특수한 일반화는 제2 신호체계 현상이며 인간 언어로 특징되는 상호 관계이다.

콜리트소바(Kolitsova)는 말은 일차적으로는 직접적인 자극으로써 반사행위를 조직하지만 일반화할 수 있는 형태인 이차적 신호체계로 발달한다는 것에 주목한다.56) 결국 말은 일반화된 반응체계를 통합한다. 이러한 분석에서 언어적 평가를 위해 조직된 조건반사는 어의적 조직화를 반영한다. 단순한 말은 직접적인 자극으로써 작동하고 고차원적인 말은 어의적 분류에 따라 언어적 자극에 대한 조건반응체계를 활성화한다. 이러한 영향이 본래 자발적인 비언어적 활동에 대한 언어의 관계이다. 두 신호체계에 의해 조건화된 언어적 행동반응의 증명을 통해 복잡한 자발적 활동을 위한 모형이 발달된다.

자극과 억제의 확연, 일반화 그리고 상호 작용과 같은 파블로프주의자의 조건화 법칙에 의해 제1, 제2 신호체계는 기능적, 생리학적 수준 위에서 상호 의존적이라고 가정한다.[57] 왜냐하면 언어체계가 기능, 속도 가변성, 체계적 구조와 조직화에 있어서 보다 높은 수준을 나타내기 때문에 이차 신호체계는 다른 행동체계를 조직화하는 특별한 능력을 갖는다.[58] 기본적으로 이러한 생리학적 모형은 정상적 기능에서의

---

56) *Ibid.*, pp.58-59.

57) 제1, 2차 신호체계의 상호 작용에 관한 전형적인 연구에서 B. M. Kurbatov(1956)는 7, 8세의 피험자를 사용하여 벨 소리에 대한 운동반응, 즉 전구 누르기 행동을 확립한 후에 소리자극을 언어적 신호, 즉 '벨'로 대체하였다. 이러한 실험에서 피험자들은 즉각적으로 반응을 나타내지는 않았지만 조건화된 반응은 자극 대상의 언어적 유사성으로 일반화한다. 이것은 신호체계가 한쪽에서 다른 쪽으로 반응이 전이된다는 증거로써 볼 수 있다. F. I. Ivaschenko(1960)는 운동반응에 있어서 이차 신호체계에서 규제적 효과를 검증한다. 의미의 일부 연상과 결속된 언어적 신호에 대한 조건반응의 일반화 현상에 대한 실험을 반복한다. 자극으로써 '푸르다 혹은 붉다'라는 말의 가시적인 제시와 색깔이 있는 빛을 가진 과제를 분별함에 있어서 이바스첸코는 자극이 언어적이고 따라서 간접적일 때 조건화된 언어적 반응은 더 큰 빈도수를 나타내고 그리고 더 **빠르다**고 주장한다. Harris(1979), pp.59-60.

58) E. N. Degtyar(1961)는 어린 아동을 대상으로 연상의 발달에 관한 언어적 자극의 효과를 연구하였다. 21개월에서 38개월 된 아동의 집단은 일련의 복잡한 조건화된 자극(다른 벨의 소리, 메트로놈 혹은 흐르는 물과 동반된 벨)에 의해 눈깜박거리는 반응을 하도록 조건화된다. 조건화가 성립된 후 벨 소리 없이 부차적 자극으로 제2차적인 어떤 조건화가 나타나는가를 검증하였다. 또 다른 실험 조건에서는 본래의 조건화는 벨과 벨의 언어적

자발적 활동과 우울증 혹은 정신분열과 같은 병리학적 상태 그리고 질병과 같은 유기체의 상태나 구체적인 환경하에서의 활동 수준 그리고 인성 유형의 분석을 위한 설명을 제공한다.[59] 이처럼 행동을 일련의 반사행위로 환원하는 경향성은 소련 심리학의 전형이었다. 그러나 비고츠키나 루리아는 심리적 환원주의를 반대하지만 파블로프의 자극과 반응의 관계에 언어를 개입시키고 언어적 자기규제를 설명한다. 즉 그 자극이 외적, 사적, 내적 언어이든 간에 언어자극에 의해 인간의 행위는 자발적으로 규제되고 반응한다는 것이다. 이러한 점에서 비고츠키의 언어적 자기규제는 소련 생리학의 영향을 받고 있다 하겠다.

(3) 사이버네틱 모델

사이버네틱[60] 모델은 자기규제를 위한 더 발전적이고 역동적인 설명을 제공한다. 사이버네틱 모델의 주요한 개념 중의 하나가 재구심성[61]

제시와 부차적 자극이 짝이 되게 하였다. 이러한 실험 결과 단지 피험자의 약 절반 정도가 벨과 짝을 이룬 청각적 자극에 대한 조건화된 반응을 보였다. 그러나 벨이 말과 동등하게 동반되었을 때 윙크 반응에 더 좋은 변화가 있었다. 이러한 연구 결과는 발달초기에 나타나는 조건화 패러다임에서 언어적 자극의 긍정적이고 유용한 역할을 한다는 증거이다. *Ibid.*, p.59

59) 제1, 2신호체계의 상호 작용에 관한 실험 연구는 B. M. Kurbatov(1956), F. I. Ivaschenko(1960), E. S. Astratyan(1973), V. G. Samsonnova(1960), V. A. Maraev(1961) 등에 의해 연구되었다.

60) 사이버네틱이란 말은 동물, 기계, 및 그것들 상호간의 전달과 제어에 관한 이론과 기술을 통일하는 과학으로서 자동제어, 정보이론, 신경병리, 과학방법론 등 여러 분야에 걸치는 종합과학의 성격을 띤다. 미국의 전기공학자이며 수학자인 위너(N. Wiener)가 제창하였다.

61) 안네(J. Annett)는 재구심성은 구체적으로 외재적 재구심성과 내재적 재구심성으로 나눈다. 외재적 재구심성의 명확한 특성은 효과적인 자극은 유기체 외부인 어떤 근원으로부터 제기되고 이러한 자극은 유기체 반응의

이다. 세체네프에 의해 제시된 재구심성의 기제는 파블로프의 연합 체제, 조건화 관계, 적응반응 등을 대체한다. 파블로프의 조건반사적 연구는 인지적 개입 없이 자극과 신체 반응의 연합체계이다. 그러나 재구심성의 개념은 계획 내지는 목표와 관련되어 반응을 재구성하는 과정이다. 따라서 이러한 재구심성의 개념을 발전시킨 사이버네틱 모델은 자발적 행위를 위한 진보적인 설명이라 할 수 있다. 아노킨, 번스타인 (Bernstein) 등의 규제 모형은 언어적 신호와 반응은 자극과 억제의 상호 관련된 경로를 통해서 보다는 오히려 피드백62)(feedback)을 통해서

자연적인 부산물로서 나타나는 것이 아니라 오히려 실험 상황의 조건기능으로써 나타난다. 예를 들어 루리아에 의해 보고된 외적 신호 패러다임에 있어서 아동의 전구-누르기 반응은 빛 자극의 소멸로 환기된다. 빛의 소멸로부터 제기되는 자극은 그것의 근원이 아동에게는 외적이고 빛이 나가는 것은 전구를 누르는 반응의 자연적 결과가 아니므로 외적인 재구심성이다. 내재적 재구심성의 명확한 특성은 효과적인 자극이 유기체 반응의 필요한 부산물로써 나타난다. 다른 말로 내재적 재구심적 자극은 어떤 원래의 유기체가 특별한 반응을 방출할 때마다 자연적으로 나타나는 자극이다. 이러한 재구심성은 언제나 두 수준에서 나타난다. 내부수용기 (proprioception)로 불리는 첫 번째 재구심성의 수준은 유기체의 내적인 근원으로부터 나온다. 근육이나 관절 속에 있는 수용기는 운동을 기록하고 운동에 대항하는 힘에 민감하다. 외부수용기(exteroception)이라 불리는 이차 수준의 피드백은 유기체의 외부에 있는 근원으로부터 나온다. 이것은 보고 듣고 만지고 드물게 후각적 피드백을 포함한다. 외부수용기는 반드시 나타날 필요는 없다. 일반적으로 내부수용기나 외부수용기적 재구심성은 어떤 자연적으로 실행된 과제에 대해 유용하다. 예를 들면 외적 신호 패러다임에서 아동의 전구 누르기는 의심할 여지없이 근육과 촉감의 자극을 포함하며 만약 아동이 스스로 누르는 것을 본다면 역시 시각적 재구심성과 관련된다. J. Annett, *Feedback and human behavior*, Penguin Baltimore, 1969, p.26.

62) 소비에트 심리학자들에 의해 사용된 '피드백'이란 용어는 중앙신경체제가 말초기관(즉 수용기와 작용계)의 반사통제훈련을 하는 '지속적인 원심성 신경 활동'으로 언급된다. 신경통로와 이러한 말초통제가 재구심성 혹은 피드백 과정에서 훈련된 고등신경 활동의 유사기제는 많고 다양하다. 예

조절된다.

예를 들어 자발적인 행위를 위한 아노킨의 모형은 통제된 행위를 유지함에 있어서 재구심성의 중요한 역할을 인정한다. 구심적 통합은 행동이 시작되고 유지되고 조절되는 일련의 역동적 과정을 위한 일반적인 조건이다. 이러한 과정 중에서 중요한 요소의 하나는 재구심적 신호와 관련된 행위를 위한 일반적인 계획을 비교하는 것이다. 이때 재구심적 신호는 청각－음성적 언어체계에서 나타날 수 있다. 결과 수용자(acceptor-of-effect)[63]를 통한 이러한 비교 결과는 진행하는 활동의 재구성 혹은 계속성, 재활동을 가능하게 한다.

아노킨은 행위의 결과들이 반응이 성공이냐 실패냐를 결정하기 위한 결과의 기대를 비교하는 환류 작용의 억제 모델로서 결과 수용자를 주장한다. 실패 출현에 대해 인식된 결과와 기대된 결과 사이에 균형이 나타난다. 그리고 반응이 억제될 때까지 새로운 반응들이 결과적으로 나타나며 그 순환적 비교는 계속된다. 다소 유사한 개념이 밀러(S. A. Miller)에 의해 TOTE(Test-Operate-Test-Exit)가 검토 단위로 제시된다.

컨대 소콜로프(A. N. Sokolov)는 가시적 자극의 반응을 다음과 같은 방식으로 기술하고 있다. "가시적 자극은 빛 화학적 반응을 시작하고 그리고 이것은 망막 이미지의 형성을 위해 필수적인 전반사체계를 자극한다. 이러한 반사작용은 눈동자의 수축, 적응, 수렴, 빛을 향한 눈의 접합적 운동을 포함한다. 망막에서 능동적인 광선수용기의 수는 유연하게 빛에 의해 역시 규제된다. 따라서 반사 활동의 연쇄반응은 수용기 체제의 기능적 상태에서 실질적 변경을 이끈다. 그리고 나서 그 체제 위에서 자극 행동에 대한 효율성을 결정한다."(Wozniak(1999b), p.137.)는 것이다. 이러한 모든 복잡한 반응은 '피드백'이라 일컬을 수 있을 것이다.

63) Harris(1979), p.139.

"

    행동은 유기체의 상태와 검증된 상태 사이의 부조화에 의해 억제되고 부조화가 제거될 때까지 행동은 계속된다. 따라서 반사행동의 일반적인 유형은 유기체 속에서 성립된 어떤 기준에 대항해서 유입에너지를 검토하는 것이며 만약 검토 결과가 부조화를 보여주고 부조화가 사라질 때까지 계속 응답한다면 그때에 반사작용은 종결된다.64)

"

    밀러는 사람이 합판 위에 못을 박는 행동을 하는 과정을 그러한 예로써 제시한다. 가장 단순한 형태에서 생각할 수 있는 것은 못 머리가 합판 위에 고정되어야 하는 것이다. 그리고 이러한 못 상태는 못 머리가 합판과 수평이 되도록 하는 목적 상태에 의해 검증된다. 만일 목적을 달성하지 못했을 경우는 못 머리가 합판과 수평을 이루게 될 때까지 못질하게 만든다. 그렇게 하여 못과 합판이 수평을 이루게 될 때 망치질하는 반응은 멈추게 된다는 것이다. 결과의 수용자나 TOTE같은 억제 기제는 효과적인 억제자극이 유기체의 반응 산물로서 나와야 하므로 분명히 재구심적 기제이다.

    번스타인은 재구심성의 근원으로서 직접적으로 언어를 다루지는 않지만 유사한 모델을 주장한다. 번스타인 모델에서 결과의 수용자는 행동 문제의 해결이나 운동 행위 같은 대응물을 갖는다. 그리고 그것은 기존의 진행하는 행위와 비교될 수 있는 요청된 미래의 일반적인 모델이다.

---

64) S. A. Miller, E, Galanter and K. H. Pribram, *Plans and the structure of behavior*, Holt, Rinehart & Winston, New York, 1960, pp.25-26 in R. H. Wozniak, "Verbal Regulation of Motor Behavior-Soviet research and non-Soviet replication", in Edited by Peter Lloyd and Charles Fernyhough, (*Vol. II*), 1999b, p.139.

루리아는 자기규제의 분석에서 재구심성의 원리를 사용한다. 그리고 재구심성의 근원으로서 언어의 기능을 고려한다. 언어는 신호의 신호이며 그것이 폭넓은 일반화 특성을 지니고 있기 때문에 독특한 힘을 가지며 자극을 분리하는 데 용이하고 개인으로 하여금 깊이 있는 실질적인 물질에 대한 분석을 가능하도록 한다. 루리아의 자발적 활동에 관한 정의는 활동에 의해 자극이 규명되고 종속되는 하나의 활동이다. 그는 목표를 정하고 그 목표를 위한 적응을 위해 관련 신호를 분리함에 있어서 언어는 구체성과 연합적 관련성에 의해 그러한 기능을 수행하는 분명한 능력을 가지고 있다고 본다.

언어는 풍부하고 명확한 구조체계를 가지고 있기 때문에 언어의 구조적 측면은 특별히 계획을 세우는 데 적절하다. 구문론적 구조는 활동의 시공간적 조직화를 가능하게 한다. 루리아는 언어의 내면화된 형식은 계획을 위한 적절한 형식이라고 생각하는 것 같다. 그는 규제를 위해 언어의 지시적 요소를 사용하는 능력에서의 발달적 진보에 주목하지만 비록 언어가 추상적이고 체계적이라 할지라도 활동에 기초한다. 말을 하기 시작한다는 것은 행동에 대한 자극적 그리고 충동적 효과를 가질 수 있는 일련의 운동반응을 촉진하는 것이다.

세체네프에 의해 시작된 재구심성의 기제는 파블로프의 연합체계, 조건화 관계, 적응반응 등을 대신한다. 파블로프의 조건반사적 연구는 인지적 개입 없이 자극과 신체반응의 연합체계이다. 그러나 재구심성의 개념은 계획 내지는 목표와 관련되어 반응을 재구성하는 인지적 과정이다. 따라서 이러한 재구심성의 개념을 발전시킨 사이버네틱 모델은 비고츠키 이론에 그대로 수용되고 있다. 이제 다음 Ⅲ장에서는 이러한 이론적 기초를 토대로 한 비고츠주의자들의 언어적 자기규제에 대해 검토해 보기로 하자.

III 비고츠키주의자의 언어적 자기규제론

   ■ ■ ■

비고츠키는 인간과 동물의 기본적인 차이를 고등정신기능, 즉 자발적 주의나 기억, 합리적이고 자발적인 목표지향적 사고 등에 두고 자발적 행위의 기원을 설명하고자 하였다. 이를 위해 그는 소련의 정신생리학을 토대로 개인의 심리적 과정의 발달을 가능하게 하는 사회문화적 기제를 밝히고자 한다. 그는 사회적 행위와 심리 과정에 공유하는 기제로서 신호체계 특히 언어에 주목한다. 언어야말로 역사적으로 발전된 신호체계로서 행동을 통제하는 독특한 자극이라는 것이다.

그는 언어를 자극반응에 의해 충분히 설명될 수 없는 자발적 행위의 발달을 위한 토대로 간주한다. 인간의 행위에 언어가 포함되면서 정신기능의 구조와 흐름이 바뀐다는 것이다. 이것은 마치 자연을 통제하는 기술적 도구처럼 심리적 도구인 언어는 자기 자신이나 타인의 행동 과정을 통제하는 도구가 된다. 이처럼 동물과 달리 인간은 언어에 의해 자신의 행위를 스스로 규제한다.

비고츠키에 의해 시작된 언어적 자기규제에 관한 연구는 루리아에 의해 발전적으로 계승된다. 본 장에서는 언어적 자기규제에 관한 비고츠키의 생각과 그의 언어적 자기규제에 관한 이론을 발전시킨 루리아의 언어적 자기규제에 관해 구체적으로 고찰하고자 한다.

1. 비고츠키의 언어적 자기규제론

비고츠키의 기본 관심은 인간의 고등정신 현상에 대한 설명이었다. 당시 소련의 심리학은 인간의 고등정신기능(가장 중요한 속성은 자발적 행위)에 관한 과학적 설명을 제공하지 못하였다. 그는 이러한 소련 과학심리학의 과제를 생물학적인 관점에서 벗어나 사회문화적 접근을 통해 이를 설명하고자 하였다.

1) 고등정신기능의 사회문화적 관점

비고츠키의 언어적 자기규제는 "언어체계의 일부 구성 요소가 개인의 행동을 계획하거나 감독하고 통제하고 조직하고 구성하는 과정이라는 것이다." 인간 상호 작용에서 언어는 행동체계를 유지하는 규제력을 갖는다. 자기규제는 자발적 의지와 행위를 전제로 한다. 그래서 우리가 자기규제를 설명하기 위해서는 자발적 의지나 행위의 문제를 이해해야 한다. 자발적 행위는 수 세기 동안 심리학의 가장 복잡한 문제 중의 하나였다. 인간은 본능적인 반사행위 이외에 의식적이고 자발적인 행위를 수행한다. 즉 인간은 동물과는 달리 행위를 계획하고 그것을 수행할 수 있다. 그러므로 심리학의 주요한 과제는 그러한 자발적 행위에 대해 과학적으로 설명하는 것이다.

66

자발적 행위의 구조는 수 세기 동안 가장 복잡한 심리학 문제의 하나였다. 문제는 다음과 같다. 인간은 본능적인 반사행위를 수행하는 것 외에도 의식적이고 자발적인 행위를 수행할 수 있다. 인간은 계획할 수 있고 그것을 수행할 수 있다. 인간은 자신의 손을 들어올리기를 바라고 그렇게 할 수 있다. 심리학자들에 있어서 주요

한 난제는 그것에 대해 과학적으로 설명하는 것이었다.65)
"

자발적 행위를 설명하는 대표적인 이론으로 관념주의적 입장과 환원론적 입장을 들 수 있다. 1920년대의 소련 심리학은 두 가지 진영으로 나누어져 있었다. 한쪽은 추상적 사고나 능동적 의지와 같은 인간 정신을 분석하는 관념론자들이었고 다른 한쪽은 심리학적 과정들에 대한 근본적인 기제를 설명하려는 자연과학자들의 시도였다. 이 진영에 속해 있었던 심리학자나 정신생리학자들은 인간의 정신 활동을 단순한 생리학적 기능으로 환원하려 하였다.

일부 관념론적 심리학자들은 자발적 행위가 가능하다는 것을 인정하는데 이들은 19C-20C 초까지 주로 활동하면서 자발적 행위에 대한 설명을 거부하였다. 이들에 의하면 자발적 행위는 행동과 운동, 기억 그리고 사고의 모든 종류에서 나타나는 것으로서 자발적인 노력의 결과이다. 그러나 자발적 행위의 근저에 어떤 정신적인 힘이 존재한다고 주장하는 것은 자발적 행위에 대한 설득력 있는 설명이 되지 못한다. 예컨대 분트(Wundt)는 이러한 정신적인 힘을 '통각작용(apperception)'이라 부르고 이 힘이 행위를 조직화하는 데 작용한다고 보지만66) 그는 통각과 의지력의 법칙은 지각이나 연상의 자연법칙과는 관련되지 않는다고 말한다.

이러한 일부 관념론적 심리학자들은 인간의 고등정신 현상을 분석하는 데 집중하였다. 그러나 이러한 현상을 단순히 주관적인 것으로 묘사함으로써 오히려 일부는 과학적 설명을 거부하는 것으로, 혹은 일부는 단지 영적인 생활의 가치에 대한 직관적 이해의 영역으로 심리

65) A. R. Luria, *Language and cognition*, Edited by James V. Wertsch, Washington, D.C. 1981, p.88.
66) *Ibid.*, p.88.

학을 발달시키려 하였다. 이러한 입장들은 자발적인 행위를 기술하고
는 있지만 자발적 행위를 제대로 설명하지는 못한다. 따라서 이러한
입장은 기계적인 설명에 의존하는 과학심리학에서는 받아들여질 수
없었다.

과학심리학은 복잡한 심리과정이 기본적인 과정으로 환원될 수 있
다는 환원주의에 의존한다. 이들은 모든 행위를 조건반사 혹은 습관으
로 환원함으로써 사실상 자발적 행위라는 개념을 거부한다. 이러한 주
장은 기계적 설명을 수용하는 심리학자들의 특성인데 이들 중에는 파
블로프의 조건반사를 받아들이고 이 이론을 인간의 고등정신과정에
적용하기도 한다. 이들은 모든 행위를 선천적이거나 본능적인 혹은 후
천적인 반응, 즉 습관으로 파악한다. 따라서 이들의 입장은 자발적 행
위가 습관이라는 것인데 이는 자발적 행위의 개념을 무시하는 것이다.

그러나 과학심리학은 인간의 자발적 행위를 과학적 분석에 종속시
키고 이에 대한 분명한 설명을 하고자 하였다. 비고츠키는 모든 심리
적 과정들을 생리학적인 조건반사의 도식으로 환원하고 심리적 행동
의 복잡한 측면을 해석하는 경향을 수용할 수 없었다. 따라서 그는 이
문제를 과학적 방식으로 다루기 위해 자발적 행위의 근원을 생물학적
측면이나 정신적 측면에서 이해하는 것을 중지하고 어떻게 의지가 형
성되는지를 발생적으로 고찰하고자 했다.

비고츠키는 과학적 분석의 임무란 심리학적 현상의 기원에 대한 경
로를 추적하여 그 특성을 발견하고 그 내적 단위를 분석해 내는 일이
라고 생각한다.[67] 그는 당시의 이러한 소비에트 심리학이 처한 문제
를 해결하는 방법은 인간의 심리학적 행동에 대한 자연적 연구를 넘

---

67) A. N. Leontiev and A. R. Luria, "The psychological ideas of L. S.
　　Vygotsky", in Edited by Peter Lloyd and Charles Fernyhough, (*Vol.
　　I*), 1999b, p.58.

어서 그것을 사회 역사적 발달의 산물로 해석하는 것이라 보았다. 이러한 비고츠키의 입장에 힘입어 과학심리학은 새로운 전환기를 맞게 된다. 그는 특별한 정신적 행위나 활동은 점진적인 발달 과정의 산물로 간주하려는 발생적 방법론을 통해 자발적 행위를 설명하고자 하였다. 이에 대한 루리아의 말을 인용해 보자.

66

　비고츠키는 아이가 태어났을 때 육체적으로는 엄마와 분리되어 있지만 생물학적으로는 엄마와의 관계가 여전히 남아 있고 나중에 젖을 떼면 생물학적으로는 분리되어 있지만 심리적으로는 엄마에 여전히 의존하고 있는 것에 주목한다. 이때 엄마는 아이와 의사소통을 하고 언어의 도움으로 아이에게 가르침을 준다. 예컨대 엄마는 아이의 관심을 주위 대상으로 끌어들이고 언어적 가르침을 수행한다. 아이는 엄마의 언어를 통해 하나의 대상에 주의를 집중하게 되면서 행동은 조직화된다. 이로써 아이의 행동은 가끔 엄마의 언어에 의해 시작되고 자신의 움직임을 완성해 나간다.[68]

99

비고츠키는 이러한 개체 발생적 접근을 통해 자발적 행위를 설명하기 위한 단초를 마련한다. 그리고 자발적 행위는 처음에 두 사람, 즉 엄마와 아이에 의해 시작된다고 본다. 그에 의하면 자발적 행위는 아이가 말하기를 배우고 스스로에게 언어적 명령이 주어지기 시작할 때 가능하다는 것이다. 따라서 자발적 행위는 처음에는 언어의 형태에서 외적으로 나타나고 나중에 내적 언어를 통해 내면에서 나타난다는 것이다. 이러한 관점에서 보면 자발적 행위의 근원은 어른과 아이의 의사소통이다. 즉 아이는 먼저 어른에게서 발화된 언어적 명령에 순종하고 발달 과정을 거치면서 개인 간의 심리 활동이 자신의 내적 활동으로 변형된다는 것이다.

---

68) Luria(1981), p.89.

비고츠키에 의하면 자발적 행위의 본질은 다른 행위와 마찬가지로 그 자체의 기원과 발달적 전이를 갖는데 이러한 기원은 사회적 형태에서 발견될 수 있다. 자발적 행위는 아이가 어른의 명령에 대한 반응으로 실제 행동을 시작한다. 그리고 아이가 처음에는 행동과 함께 시작하지만 나중에는 행동에 앞서서 자신의 외적 언어를 사용하게 되고 이후 이러한 외적 언어는 내면화된다. 아이가 처음 엄마의 외적 언어를 통해 행동이 규제되었듯이 내적 언어 역시 행동규제의 기능을 지닌다. 따라서 엄마와 아이에 의해 공유된 기능이 아이에게 전수되어 스스로 기능하게 된다.

이러한 그의 관점은 자발적 행위를 두뇌 내부 혹은 정신 작용으로 설명하려던 종래의 과학심리학의 입장을 사회문화적인 관점으로 돌려놓은 것이다. 언어가 의사소통 기능과 더불어 지시적 기능이 있다는 말은 언어가 행동을 규제한다는 것을 의미한다. 이러한 의미에서 그의 자기규제적 관점을 언어적 자기규제라 한다. 따라서 언어적 자기규제는 언어체계의 일부 요소가 행동을 계획하고 통제하며 그리고 구조화하고 조직하며 감독하는 과정을 의미한다.

비고츠키의 언어적 자기규제 개념은 개인 간 국면으로 존재하는 외적인 통제기능이 개인 내 정신기능으로 전환된 내적인 자기규제의 개념이다. 그러나 이러한 전환의 개념은 외적인 통제기능이 내적인 통제기능으로 수동적으로 숙지 혹은 내면화된 것이라기보다는 능동적으로 환경에 자율적으로 적응해 갈 수 있는 능력을 포함하는 자율적 개념을 함축한다. 따라서 외적 통제기능의 내면화보다는 점유나 통합화라는 용어를 사용한다. 이러한 그의 입장은 복잡한 개체발달 과정은 생물학적 발달로부터 기인하는 것이 아니라 인간 활동의 사회적 형태로부터 기인한다고 보는 것이다. 이러한 그의 주장을 좀더 구체적으로 살펴보자.

2) 언어와 사고의 발달 과정

비고츠키의 기본 관심은 인간 고등정신의 발달에 관한 일반 이론을 제시하는 것이었다. 그가 자신의 이론을 확립함에 있어 중요한 요소로 간주한 것이 아동 경험의 사회적 기원과 언어였다. 그는 당시 소련 심리학의 문제인 인간의 고등정신 현상, 즉 자발적 행위에 대한 설명을 위해 생물학적 관점에서 사회문화적 관점으로 눈을 돌린다.

그는 기존의 동물실험 연구에 주목하고 언어와 사고와의 관계를 분석한다. 그는 인간의 사고와 원숭이의 문제 해결 능력에 관한 요오크(Yerkes)와 쾰러(Koehler)의 연구 결과 사이의 차이점과 유사점을 기술69)하면서 전-언어적(pre-verbal) 아동은 원숭이와 같은 실천적 지능을 가지고 있다고 본다. 실천적 지능은 신호에 기초한 언어를 사용하는 어떤 능력과는 독립해 있지만 지적 발달의 한 토대를 형성한다고 본다.

또 다른 토대는 사회적 언어이다. 비고츠키는 유아의 울음소리와 옹알이로부터 사회적 언어의 기원을 찾는다. 유아의 울음소리와 옹알이에는 지능의 전언어적 토대와 언어와 분리된 전지적(pre- intellectual)인 토대가 있다는 것이다. 점차 학교에 입학하기 전에 이르러 이러한 두 토대는 통합된다. 비고츠키에 의하면 이러한 상호 작용은 각 과정의 본질을 변화

---

69) 동물에 있어서 언어와 사고는 다른 뿌리를 두고 있으며 다른 노선에 따라 발달한다. 이러한 사실은 쾰러와 요크의 연구와 원숭이에 대한 최근의 다른 연구에서 입증되었다. 쾰러의 실험은 동물에 있어 사고의 출현은 언어와는 결코 관련되지 않는다는 것을 입증한다. 원숭이에 있어서 도구를 사용하고 만들고 문제 해결을 위해 우회적인 길을 발견하는 '창조성'은 그것이 의심할 여지없이 사고이긴 하지만 사고발달의 전언어적 단계이다. 쾰러의 연구는 침팬지는 인간의 것과 유사한 지적 행동의 시작을 보여준다. Vygotsky(1962), p.33.

시키고 지적 발달의 구조에서 질적인 차이를 만들어낸다. 이렇게 통합하면서 지적 과정의 대부분은 언어로 사고의 과정을 창조하면서 언어화된다. 이렇게 되면서 거의 모든 사회적 언어는 충분히 이해되고 아동의 발화에는 의미가 동반된다. 지적 발달은 이제 언어화된 사고에 의해 그리고 새로운 의미에서뿐만 아니라 타인과의 대화를 통해 획득된 정보에 의해 영향을 받게 된다. 따라서 지적 발달의 과정에 영향을 주는 것은 언어 의미에 기초한 지적 과정을 살펴봄으로써 가능하다.

아동은 자신의 활동을 조직하고 문제 해결을 위해 언어적 사고를 시작하다가 대략 5세가 되면서 암묵적 사고의 편리함과 인습적 규칙을 숙달하기 시작한다. 이러한 암묵적인 언어적 사고를 내적 언어라 부른다. 그것은 대체로 7, 8세에 의해 내면화되지만 어떤 때에는 장애물에 의해 다시 표면화될 수도 있다.

자기중심적 언어(egocentric speech)는 언어적 사고로부터 내적 언어로 전이 과정에 있는 형태이다. 전이의 과정 속에서 그것은 효율성을 위해 더욱 축약된다. 비고츠키는 자기중심적 언어와 내적 언어는 사고의 모든 기능을 가지고 있다고 가정한다. 그러나 그가 강조하는 것은 언어의 계획적 기능, 즉 자기규제이다. 그에 있어서 자기중심적 언어는 부수적으로 활동을 동반하는 것이다. 자기중심적 언어는 우연히 아동 자신의 행동을 규제할 수 있다. 이에 대한 설명은 아동이 그림을 그리고 있는 장면에 대한 그의 유명한 일화에서 나타난다.

"

자기중심적 언어는 긴장을 풀어주고 표현의 수단이 되는 것 이외에도 어떤 문제를 계획하고 추구하는 데 있어서 사고의 도구가 된다. …… 자기중심적 언어가 활동 과정 중에 변경될 수 있다. 예컨대, 5.5세 아동이 전차를 그리고 있을 때 연필심이 부러졌다. 그럼에도 불구하고 그는 연필을 꾹꾹 눌러서 바퀴 그리는 것을 마치

려 했지만 연필심이 없어 그려지지는 않고 연필이 지나간 자국만
남게 되었다. 아이는 혼자 중얼거리면서 "부러졌어", 연필을 옆에
놓고 대신에 그림물감으로 나머지 전차를 그리기 시작했다.[70]

99

우연적으로 발화된 언어는 동반하는 행위에 대해 압력을 행사한다.
이것이 언어적 자기규제에 관한 가장 원초적 형태이다. 따라서 모든
언어화가 가능한 사고는 자기규제적 의미를 갖는다. 유아가 자신의 환
경과 관계하는 첫 번째 방식은 신체적인 우연성에 의해 조건화될 수
있는 유기체이다. 이러한 관계는 제1차 신호체계의 조건화에 기초한다.
아동은 환경이라는 자극과 신체반응의 조건화 관계로 세계를 이해한
다. 이것은 마치 환경 속에서 우연성의 반복으로 문제를 해결하는 개
의 행동과 유사하다.

그러나 아동이 취학할 나이쯤 되면 언어와 사고가 통합된다. 이 단
계에서는 일차 신호체계 수준의 어린 아동은 자신이 이전에 음식을
보고 만지는 것과 같은 어떤 지각할 수 있는 조건화 자극에 반응했던
것처럼 어떤 언어를 신체적으로 지각할 수 있는 소리에 의해 자신의
행동을 통제하고 반응함으로써 기능적 언어와 말을 숙달하게 된다. 이
렇게 되면서 언어 의미의 중요성은 발화된 언어의 지각할 수 있는 속
성보다 더 강하게 반응하게 되고 이해된다. 아동은 자신에게 나타난
말의 의미에 대해 점점 더 반응하게 되면서 발화된 언어로 자기 자신
을 드러냄으로써 자신의 행동을 이끌 수 있게 된다. 다시 말해서 언어
적 자기규제를 통한 자신의 행동의 실천자가 되는 것이다. 비고츠키는
이를 아동과 아동의 구체적인 자극환경 사이의 관계변화를 기술하면
서 인지발달의 4단계로 설명한다.[71]

---

70) *Ibid.*, pp.16-17.
71) Moll, L. C. (Eds), *Vygotsky and Education: instructional implications of*

첫 번째 단계에서 아동은 환경에 단순하고 직접적으로 반응한다. 행동은 자극-반응의 자연법칙의 토대 위에서 통제된다. 이 단계에서 아동 행동의 사회적 규제는 아동의 행동을 통제하는 구체적이고 즉각적인 반응을 보일 때 가능하다.

두 번째 단계는 자신들의 반응을 돕는 외적 수단(예: 기호)을 사용함으로써 일부 중재를 시작할 수 있게 된다. 그러나 이 단계의 아동은 기호의 중재적 속성을 충분히 숙지하지는 못한다. 기호와 자극 사이의 외적이고 구체적이며 실질적인 관계만이 아동 행동에 영향을 줄 수 있다. 아동은 그들이 반응하거나 기억하고 참여하는 데 도움을 주는 보조 기호를 사용함으로써 인지 활동을 함에 있어서 기호의 기능과 역할을 점점 더 잘 인식할 수 있게 된다. 그들은 이러한 기호를 인식함과 동시에 기호가 그들이 조작을 수행하는 데 도움을 준다는 것을 알게 된다. 신호의 유용성과 역할에 대한 이해와 이러한 새로운 인식은 다음 단계로 이끈다.

세 번째 단계에서 아동들은 기호를 적극적으로 다루고 창조하기 시작한다. 이 단계의 아동들은 소망하는 답변을 위해 자신의 자극을 적극적으로 조직함으로써 행동을 적절하게 규제할 수 있다. 그러나 이 단계는 아동 자신의 행동 규제가 여전히 외적 자극의 조직화에 의존하고 있다.

마지막 네 번째 단계는 자극들 간의 외적 관계들의 내면화로 특징지어진다. 기호는 아동들이 주어진 반응을 발산하는 데 도움을 준다. 이 단계에서의 아동은 외적 보조 기호의 도움 없이 소망하는 응답을 달성할 수 있게 된다.

sociohistorical psychology, Cambridge University Press, 1990, p.135.

> 66
>
> 우리는 무엇이 일어났는지를 알 수 있다. 어떤 외적 조작은 소위
> 그것의 내적인 표상을 갖는다. 이것은 무엇을 의미하는가? 우리는
> 어떤 움직임을 만들고 여러 맥락에서 어떤 자극을 다시 정리한다.
> 이러한 모든 것은 어떤 종류의 내적인 분해 과정과 일치한다. 외적
> 인 조작으로부터 내적인 조작에로의 전이에서 그런 몇몇 실험의
> 결과로서 모든 중재된 자극이 더 이상 필요하지 않다는 것이 판명
> 되고 조작은 중재 자극 없이도 수행되기 시작한다.[72]
>
> 99

이처럼 언어적 사고에 의해 행동은 통제되고 규제된다. 처음에 외적
언어에 의해 아동 통제가 되다가 그것이 사적 언어화되고 마침내는 내
적 언어로 변환되어 자신의 행동을 규제하게 된다는 것이다. 언어적 사
고의 구체적 발달, 즉 외적 언어에서 사적 언어로 그리고 사적 언어에
서 내적 언어로 변환되는 과정을 좀더 구체적으로 살펴보자.

3) 사적 언어(private speech)와 내적 언어(inner speech)

전술한 바와 같이 비고츠키는 고등정신기능의 발달 과정을 아동의
언어와 사고와의 관계를 탐구함으로써 분명히 밝히려 하였다. 고등정
신기능의 사회적 기원으로 개념화할 수 있는 발생의 일반 법칙은 언
어의 경우에도 그대로 적용된다. 고등정신기능의 개인 간 국면과 개인
내 국면은 언어에 의해 매개된다. 그는 언어가 전환되는 것이라는 증
거를 아동의 사적 언어에서 찾는다. 아동의 자기중심적 언어는 개인
간 기능으로부터 개인 내 기능으로 전이, 즉 아동의 사회적, 집단적
행위로부터 보다 개별화된 행위로의 전이의 한 현상으로써 언어발달

---

72) Vygotsky(1981), p.183.

의 경로를 보여준다는 것이다.

대개 7세 이전의 아동들은 가끔 그들이 누구에게 말하고 있는지 또는 누가 듣고 있는지 상관하지 않고 오직 자신에 관해서만 이야기하는 경우가 있다. 다시 말해서 어린 아동은 다른 사람이 그 의미를 알기 어려운 말을 혼자서 중얼거리는 현상을 자주 보인다는 것이다. 이것이 사적 언어, 즉 자기중심적 언어[73]이다. 피아제는 아동의 사적 언어를 발달적으로는 사고의 미성숙한 본성을 반영하기 때문에 자기중심적이라 불렀다. 따라서 7-8세 이하의 아동은 타인과의 의사소통을 함에 있어서 관심이 결여되어 있고 타인의 관점을 고려하지도 못하며 아동들 사이에 진정한 사회적 생활이나 지속적인 사회적 교제가 이루어지기 어렵다는 것이다. 그러므로 피아제는 자기중심적 언어가 아동 발달에 긍정적인 기여를 하지 못한다고 보았다.[74] 피아제에 있어서 사적 언어는 자기중심적 사고[75]의 부수 현상이며 인지발달은 아동이 점차 사회화됨에 따라 진행된다고 보았던 것이다.

---

73) 피아제는 아동의 언어를 자기중심적 언어와 사회화된 언어로 나누고 자기 중심적 언어를 반복, 독백, 집단 독백의 세 가지로 나누었다. 그리고 사회적 언어는 적응된 정보로서 비판, 명령, 요구, 위협, 질문, 대답의 다섯 가지로 나누었다. 피아제(저), 송명자 외(역), 『아동의 언어와 사고』, 중앙적성출판사, 1985, pp.10-11.

74) 위의 책, p.10.

75) 아동들이 자기중심적 사고를 하는 중요한 원인은 "아동들이 서로 이해하지 못하는 것을 그들은 서로를 이해하고 있다고 생각하기 때문이다. …… 아동 주위에는 항상 그들보다 더 많이 알고 그들의 모든 것들을 이해해 줄 줄 알며 심지어는 그들의 생각과 욕망이 무엇인지까지를 예측해 주는 어른들이 있다. 따라서 아동들은 일할 때나 그렇지 않을 때나 혹은 바라는 것이 있을 때나 죄책감을 느낄 때나 항상 다른 사람들이 그들의 생각을 꿰뚫고 있으리라는 인상을 받고 있다"는 것이다. J. Piaget, *The Language and the Thought of the Child*, New York: Meridan, (Original work published 1924), 1971, pp.40-41.

이와는 달리 비고츠키는 사적 언어가 아동발달에 있어서 매우 중요한 역할을 한다고 주장한다. 그는 아동의 사적 언어를 사회적 언어가 개인의 정신기능을 매개하는 내적 언어로 전환하는 전이적 단계로 본다. 그에 있어서 사적 언어는 아동의 인지적 미성숙의 부산물 이상의 어떤 인지발달의 긍정적 징후라는 것이다.

66

　얻어진 결과들은 자기중심적 언어가 소리언어에서 내적 언어로 발전하는 과도기라는 가정을 강력히 시사한다. …… 독자적 언어 형태로서의 사적 언어는 음성언어로부터 내적 언어로의 전이이고 매우 중요한 발생적 고리이며 소리언어의 기능 분화와 내적 언어로의 최종적 변형 사이에 존재하는 중간 단계이다. 사적 언어가 이렇게 이론적으로 큰 관심을 끄는 것은 바로 이 전이 역할 때문이다.[76]

99

　그에 있어서 사적 언어는 사회적 언어와 내적 언어 사이의 발달적 중재자이며 그것은 아동이 활동을 계획하고 문제를 해결하도록 돕는 도구로써 그리고 사고의 도구로써 기능한다. 사적 언어가 사라질 때 그것은 쇠퇴가 아니라 현상 이면으로 잠복하는 것이다. 즉 내적 언어로 변하는 것이다.[77] 따라서 자기중심적 사고나 언어를 통한 비언어적인 자폐적 사고로부터 사회화된 언어나 논리적 사고로 진행하는 피아제의 인지발달 개념과는 달리 비고츠키는 처음에는 사회적이고 그 다음에는 자기중심적이고 그런 다음에는 내적 언어로 인지발달이 진행된다고 한다.[78]

　이것이 발달의 방향에 대한 비고츠키의 설명과 피아제의 관심 사이

---

76) Vygotsky(1962), pp.19-20.
77) 내적 언어는 사회화를 통해 밖으로부터 안으로 들어온 새로운 어떤 것이다. Vygotsky(1962), p.136.
78) *Ibid.*, pp.19-20.

의 기본적인 차이이다. 사적 언어가 자기중심적 사고를 외형화하는 아동의 시도를 나타내는 것이 아니라 오히려 아동이 사회적 언어로부터 내적 언어로 내면화하는 과정이라고 이해하기 때문에 비고츠키는 어린 아동에 있어서 사적 언어에 특별한 관심을 보인다. 그리고 이러한 점에서 그는 사고발달의 진정한 방향은 '개인으로부터 사회로가 아니라 사회로부터 개인으로'라고 주장한다.[79]

그는 내적 언어가 어떻게 외적인 혹은 개인 간 관계가 내적인 혹은 내부 심리적인 과정으로 변형되는가에 대한 방식에 관심을 기울인다. 그는 의사소통적 언어로부터 자기중심적 언어, 즉 내적 언어로 진행되는 분석을 통해 내적 언어의 구문론적 그리고 의미론적 특성을 언급한다. 먼저 내적 언어의 구문론적 특성은 술어는 보존되는 반면에 문장의 주어가 생략된다.

66

초기에 자기중심적 언어는 구조에 있어서 사회적 언어와 동일하다. 그러나 내적 언어로의 전달 과정에 있어서 그것이 거의 완전하게 술어적 구문에 의해 지배되듯이 그것은 점차 덜 완전하고 덜 일관적이게 된다. …… 아동은 주어진 순간에 그가 듣고 보고 행하는 것에 대해 이야기한다. 그 결과 아동은 주어(즉 그 자신)를 생략하는 경향이 있고 단지 술어만을 남길 때까지 점점 더 그의 언어를 축약하면서 모든 말은 그것과 관련된다. 자기중심적 언어의 구체적인 기능이 점점 더 차별화되면 될수록 그것의 구문론적 특성 -단순화와 술어화-은 점점 더 명백해진다. 협력하여 이러한 변화는 의성화를 감소한다. 우리가 우리 스스로와 대화할 때 우리는 거의 말이 필요 없게 된다. …… 내적 언어는 거의 말이 없는 언어이다[80].

99

79) *Ibid.*, p.20.
80) *Ibid.*, p.145.

이처럼 내적 언어에서는 구문과 소리가 최소화되기 때문에 의미론이 무엇보다 중요하다. 이에 대해 비고츠키는 내적 언어가 세 가지 기본적인 의미론적 특성을 가지고 있음을 주장한다.[81]

첫째, 내적 언어에서는 말의 의미보다는 감응이 우선시된다. 감응은 '역동적인 복합체로서 우리의 의식 속에 말에 의해 고무된 모든 심리적 사건의 총합'[82]이다. 이와는 반대로 의미는 추상적으로 일반화되므로 결국은 한계를 갖는다. 따라서 내적 언어에 있어서 기본적이고 우선적인 것은 사전에 포함된 것과 같은 말의 정확한 의미가 아니라 특별한 상황에서 사용되는 말의 감응이다.

둘째는 내적 언어는 복잡한 생각들을 나타낼 뿐만 아니라 축약의 경향성을 갖는다.

셋째는 감응은 서로서로 영향을 주고 유입되므로 결국 어떤 말은 감응에 물들어 있기 때문에 그것을 명백한 언어로 밝히기 위해서는 설명하는 말이 많이 필요하다. 이러한 의미론적 그리고 구문론적인 특성은 내적 언어에 관용적 특성을 제공한다. 내적 언어의 관용적 특성은 예를 들어 누이동생이나 친척 혹은 군대 집단 같은 친밀한 심리적 접촉에 있는 사람들 사이에 나타나는 과정과 유사하다.

2. 루리아의 언어적 자기규제론

비고츠키가 주장하는 언어가 행동을 어떻게 규제하는지를 실험적으로 검증하고 발전시킨 사람은 루리아이다. 비고츠키에 의해 시작된 언

---

81) *Ibid.*, pp.145-148.
82) *Ibid.*, pp.146-147.

어적 자기규제에 관한 소비에트 연구는 루리아의 발달적, 임상적 연구에서 더욱 명료해진다. 루리아의 언어적 자기규제는 비고츠키의 연구에 토대를 두고 파블로프주의자의 억제-자극과 사이버네틱의 환류 모델을 통합하였다. 그는 자신의 이론을 광범위한 임상 실험을 통해 경험적으로 입증하고자 하였다.

파블로프와 제1, 2차 신호체계에 관한 전통 연구가들에 있어서 자기규제는 언어와 운동반응체계의 상호 작용과 관련된다. 자극이든 억제든 간에 통제 과정은 능동적이다. 그리고 언어는 반응하는 개인을 지도하고 적응하는 긍정적 힘을 가지고 있으며 반응체계 사이에 관계를 계획한다. 특히 사이버네틱 모형에서 자기규제는 이전 경험으로부터의 정보를 이용해서 행동을 변화하거나 조율하고 반응을 보류하는 유기체적 능력으로 파악되며 재구심성의 개념이 핵심을 이룬다. 한편 루리아는 언어적 자기규제에 관한 분석에서 자발적인 규제 유지를 위해 억제의 기제와 결과의 수용자의 기제를 통합하였다.

본 장에서는 비고츠키의 언어적 자기규제 이론을 발전시킨 루리아의 언어적 자기규제에 관한 이론적 특성과 언어적 자기규제에 관한 경험적 기초를 살펴보고 루리아의 언어적 자기규제 3단계 이론을 살펴본다.

1) 루리아의 언어적 자기규제의 이론적 특성

루리아는 전통적인 기계론과 관념론 사이에서 자신의 이론적 방향을 고민하였다. 그는 행동을 일련의 운동 습관이나 혹은 일부 내적인 힘으로 다루는 것을 거부하였다. 그리고 이러한 문제를 복잡한 정신 활동 특히 자발적 행동의 중요한 도구인 언어를 통해 해결을 모색하였다. 언어는 사회적 상호 작용에 기초한다. 따라서 유기체와 환경 사이의 상호 작용의 결과로써 언어가 내면화된다.[83]

루리아에 의해 수행된 광범위한 임상적 연구는 소련 심리학에서 언어적 규제에 관한 가장 지지받는 분석으로 알려져 있다. 언어적 규제에 관한 루리아의 연구는 세체노프와 파블로프에 의해서 시작된 유물론에 기초한 신경생리학과 변증법적 유물론의 시각을 통해 고찰할 때 이해가 가능하다. 이러한 관점을 토대로 루리아의 언어적 자기규제에 관한 몇 가지 주요한 특성을 살펴본다.

첫째, 루리아의 언어적 자기규제에 관한 핵심적인 쟁점은 어떻게 개인이 자발적 행동을 시작하고 유지하고 수정할 수 있는지에 관한 분석이다. 그에게 있어서 '자발적 행위는 자극을 창조하고 그것에 종속되는 능력'이다.[84] 자발적 그리고 비자발적 행동 사이의 구별은 신호적 속성이 자극을 생산한 후 특별한 행동 결과와 결합된다는 점이다. 자발적 행위는 그러한 자극과 행동 사이에 형성된 일시적 결합으로 나타난다. 루리아의 핵심적 주장은 언어가 외적 자극의 특성을 갖는다는 것이며 자극의 내적인 중요성, 즉 자극과 특별한 반응 행동 사이에 결합을 계획하는 것에 따라 행위하도록 하는 특성을 갖는다는 점이다. 따라서 언어는 자발적 행위의 유지와 발달에 필수적인 도구가 된다.

둘째, 자발적 행위에 영향을 주는 언어 능력은 점진적으로 획득된다는 것이다. 언어적 규제의 발달은 사람들이 억제 기제의 변형과 발달을 계획할 수 있으며 통제체계가 처음에는 사회적이며 최종적으로는

83) A. R. Luria and Yudovich, *Speech in the development of mental processes in the child,* London: Staples, 1959, p.9 in Harris(1979, edited by G. Zivin), p.67.

84) A. R. Luria, *The nature of human conflicts,* London: Liveright, 1932. in *Ibid.,* p.68.

개인적이라는 것이다.

정신기능, 즉 개인의 고등정신 활동은 사회적 관계의 반영이다. 이것은 레닌의 반영이론과 일치한다. 개인 내 정신기능은 개인 간 정신기능의 내면화이며 그 형식은 언어적이다. 왜냐하면 언어체계는 사회적 상호 작용을 위한 형식이며 사회적 통제를 위한 매개이기 때문이다. 이렇듯 언어적으로 매개된 상호 작용은 개인 활동에 따라 조직되고 내면화된다. 루리아의 주장은 사회적 통제의 모형이 획득되고 나중에는 자신이 스스로 활동을 통제하고 감독하는 개인으로 발전한다는 것이다.

셋째, 그는 언어적 신호의 어의적 측면의 중요성에 주목한다. 그는 본래 언어체계의 다중 기능과 수준을 인정하고 언어의 규제적 힘은 운동적 혹은 충동적 영향으로부터 어의적 영향으로 변화한다고 본다. 언어는 행동에 대한 보완적 효과를 가지는 운동적 요소를 가지고 있으며 분리된 자극과 반응을 통합하고 조직하는 효과를 갖는다는 것이다.

이러한 그의 주장은 언어의 발달을 통해 자기규제가 형성된다는 것을 의미한다. 이러한 언어의 발달적 측면은 변증법적 이론에 의존하고 있는 것이다. 외적인 것에서 내적인 것으로 혹은 충동적인 것에서 언어적인 것으로의 변형은 규제의 근원과 형식이 질적으로 변화된다는 것을 보여주는 것이다. 결론적으로 언어체계는 사회적 그리고 개인 간 의사소통의 기본적인 중요성을 전달한다. 통제는 처음에 초개인적이지만 종국에는 자기통제가 실현되는 변증법적 내면화이다. 이러한 그의 주장을 뒷받침하는 실험적인 경험적 기초를 살펴보자.

2) 루리아의 언어적 자기규제의 경험적 기초

루리아는 비고츠키의 언어적 자기규제에 관한 이론적 논증을 위해 어른의 지시를 수행하는 동안에 아동의 움직임을 측정하는 임상적 실험을 수행하였다.

66

아동에게 기록 장치가 연결된 조그마한 전구가 주어진다. 아동이 전구를 누르는 매 순간 회전하는 북 위에 압력이 기록된다. 처음에 아동은 "전구를 눌러라"와 같은 단순한 명령이 주어지고 그런 다음 실험자는 어떻게 아동이 가능한 두 신호들 사이에 선택하는 반응을 하는지 혹은 하나의 신호에 대한 단순한 반응을 탐구한다.[85]

99

루리아의 이러한 일련의 연구는 대략 두 살 된 아동을 대상으로 실행하였다. 가장 단순한 절차는 "눌러", "눌러"와 같은 어른의 언어적 명령에 대해 아동이 즉각적으로 실행하는 것이었다. 기존 연구에서 이 나이의 아동은 이미 이러한 것을 수행할 수 있다는 실험 연구가 있지만 일단 아동이 누르는 운동이 시작되기만 하면 어른의 명령으로는 아동이 누르는 행동을 멈출 수가 없었다.

아동이 "눌러"라는 말을 들었을 때 누르기 시작하였다. 그러나 이때 그에게 멈추라고 명령한다면 아동의 누르는 행동은 더욱 강화되었다. 따라서 "내가 너에게 말할 때만 눌러라" 혹은 내가 너에게 "누르지 마라"라고 요청할 때에는 "누르지 마라"와 같은 어른의 강력한 명령은 기대하는 결과로 이끌지는 못하였다. 간혹 그러한 명령은 오히려 아동의 통제되지 않은 움직임을 더욱 강화시켰다. 이러한 실험적 결과는 어른의 언어적 명령은 충동으로는 이끌 수 있지만 그것은 이러한

---

85) Luria(1981), p.97.

충동을 억제할 수는 없다는 것이었다. 이것은 언어의 자극기능이 금지 기능보다 더 일찍 나타난다는 것을 의미하였다.

루리아는 또 다른 실험적 절차를 통해 이를 증명하였다.[86] 직접적인 명령을 쉽게 따르는 2살 난 아동은 복잡한 조건적 명령을 숙지했다 하더라도 그것을 실천하기는 매우 어렵다는 것을 알았다. 그리고 불이 들어왔을 때 아동은 단순한 지향반응으로 가끔 불을 바라보고 전구를 누르지만 아동이 불을 보고 전구를 누른다 하더라도 가끔 불을 보지 못할 때에도 누르는 행동을 하였다.

또한 이 나이의 아동은 아직 운동반응과 불빛에 대한 지향반응을 조화시키지 못했다. 아동이 조건신호와 자신의 운동을 조화시키는 능력을 얻기 시작하는 나이는 대략 3살 정도이다. 그러나 이 단계에서 조화는 지극히 불안정하며 가끔 불이 켜졌을 때 아동이 통제할 수 없는 움직임을 시작하였다. 비록 아동이 "불이 들어오지 않았을 때 전구를 누르지 마라"라고 요청받는다 하더라도 여전히 열성적으로 누르기 시작하였다. "누르지 마라"는 명령을 크게 하면 할수록 아동은 전구를 더 열심히 눌렀다.

이러한 사실은 아동이 명령의 의미에 따라 반응하는 것이 아니라 실험자의 목소리, 즉 명령이나 지시의 외적인 힘에 반응하는 것이었다. 어른이 그의 목소리를 크게 하면 할수록 아동은 전구를 더 열심히 누른다는 것이었다. 아동이 주목하는 것은 명령의 의미가 아니라 목소리의 크기에 맞추어졌다. 이것은 이 나이의 아동은 여전히 어른의 명령에 대한 선택적 반응을 할 수 없다는 것을 의미하였다. 이 나이의 아동이 어른의 명령에 대한 선택적 반응을 할 수 없다는 것은 아직도 언어의 금지에 대한 이해보다는 언어의 자극 속성에 의해 행동이 지

---

86) *Ibid.,* pp.97-98.

배된다는 것이었다. 이러한 언어의 의미에 대한 이해를 방해하는 것이
아동의 습성임을 루리아는 실험적 연구 결과를 통해 밝혀보았다.

66

　　이러한 습성은 가끔 아동이 빨간 신호를 보면서 전구를 누를 때
　그는 또한 녹색 신호(금지된 신호)를 보면서도 전구를 누르는 통
　제되지 않은 자극을 구성한다. 다른 경우에 습성은 금지된 과정 속
　에서 나타난다. 따라서 만약 우리가 푸른빛의 금지된 의미를 강화
　한다면 습성은 모든 반응의 금지에서 나타나게 된다. 아동은 그가
　빨간 불빛을 보았을 때조차도 누르지 않는다.[87]

99

　이러한 실험 연구는 선택적 반응의 출현을 방해하는 것은 신경과정
의 이동성이 적절하지 못하기 때문이라는 점을 말해준다. 이러한 루리
아의 경험적 연구는 당시 소련의 자기규제 패러다임의 1단계 해석[88]

---

87) *Ibid.*, p.98.
88) 소련은 언어적 자기규제 패러다임을 3단계로 나눈다. 언어적 자기규제의
　Ⅰ단계는 첫째, 단순 시작 억제 단계: 어른 명령의 효과는 단순한 직접적
　반응(막대기에 반지를 끼우기)을 시작할 때 고집스런 반응(막대기에 링을
　끼우지 않는 것)을 억제하고 고집스런 반응(막대기 위에서 반지를 빼는
　것)의 방향을 바꾸면서 조건화된 반응(불이 들어왔을 때 전구를 누르기)
　을 시작하는 것으로 성패가 평가된다. 둘째는 이중 시작 교수 단계: 제2
　의 양립할 수 없는 반응(너의 무릎을 만져라)을 수행하기 위한 교수는
　'빛이 들어올 때 전구를 눌러라'라는 명령에 의해 시작된 고집스런 반응을
　억제하는 수단으로써 아동에게 주어진다. 그리고 셋째 단계로서 외적 신
　호: 아이의 누르는 반응의 조건적 불빛 신호의 소멸은 누르는 반응의 고
　집스러움을 금지하는 데 사용된다. 이러한 어떤 연속물은 '불이 들어오면
　불을 끄기 위해서 전구를 눌러라'라는 명령으로 시작된다. 언어적 자기규
　제의 Ⅱ단계는 첫째는 분리된 언어화 단계로서: 아이의 자기 언어화(go
　(가라))는 누르는 반응의 고집스러움을 억제하는 데 사용된다. 이러한 연
　속적 활동은 '불빛이 들어오면 전구를 누르고 go라고 말하라'라는 가르침
　에 의해 시작된다. 둘째는 이중으로 분리된 언어: 아이의 이중적 자기 언
　어화(go, go)는 불빛 신호의 섬광에 대해서 두 개의 분리된 전구 누르기

에서도 드러났었다. 단순 시작 - 억제 패러다임에서 만약에 아이가 반지를 끼우는 행동 과정을 수행하고 있을 때 '반지를 빼라'는 언어적 명령은 1.5세 아이에게 있어서는 효과적이지 못하였다. 이러한 실험적 결과에 대해 루리아는 아이의 신경 과정은 이 단계에서는 이동이 충분하지 못하다고 보았다.

이어서 루리아는 아동의 언어 개입이 언어적 명령의 수행을 강화할 수 있는지를 실험하였다. 여기에서는 아동의 언어가 자신의 행동을 통제하는 데 있어서 규제적 역할을 할 수 있는지에 관심을 두는데 아동은 동작과 함께 언어적 명령에 대해 즉각적으로 응답하도록 지시받지 않고 적절한 말로 응답하도록 하였다.

"

빨간 불빛에 대한 응답에서 그는 "예"라고 말한다(즉 그는 전구를 누르는 것이다). 녹색 불빛에 대한 응답에서 그는 "아니오"라고 답한다(그는 전구를 눌러서는 안 된다). 어린 아동은 아주 낮은 정도의 성공으로 이러한 과제를 수행하였다. 어린 집단의 아동들(2년 4개월)에 있어서조차 이러한 언어적 반응이 습성의 어떤 신호를 보여주었다. 예를 들어 그들은 가끔 불빛의 색깔에도 불구하고 "예" 혹은 "아니오"라고 말한다. 그러나 세 살 난 아동의 언어 과

를 조화롭게 잘 획득하는 데 사용된다. 이러한 반응은 '불빛이 있을 때 두 번 누르고 go를 두 번 말하라'라는 가르침에 의해 시작된다. 셋째는 분별적 언어화 단계로서: 긍정적 자극에 대한 아이의 자기 언어화(눌러라)는 긍정적 자극의 섬광에 대해 분리된, 잘 조화된 누르기를 생산하도록 하는 데 사용된다. 그러나 고정적 자극에 대한 아동의 자기 언어화(누르지 마라)는 억제를 촉진하는 대신에 부정적 신호에 대해 누르는 것을 생산한다. 넷째는 긍정적 분별 언어화단계로서: 부정적 신호에 대한 침묵과 결합된 긍정적 신호에 대한 아동의 언어화(눌러라)는 이러한 자극에 대한 분리된, 잘 조화된, 분별된 반응을 생산하는 데 사용되었다. 그리고 마지막으로 언어적 자기규제 패러다임의 3단계는 언어적 자기규제 단계이다. Wozniak(1999b), p.134.

정에서 이러한 습성은 사라지고 아동은 필요한 언어적 반응과 함
께 신호에 대해 정확하게 응답할 수 있었다.[89]

"

이 실험에서 보여주듯이 세 살 정도의 아동은 신호에 적절히 응답
할 수 있게 됨을 알 수 있었다. 이제 문제는 아동이 자신의 언어가 규
제적 역할을 할 수 있는가 하는 것으로 옮겨간다.

이러한 문제에 대답하기 위하여 루리아는 두 신호(빨강, 녹색)와 일치
하는 기능(자극과 억제)을 제시하는 연구를 계속 수행하였다. 아동은 빨
간 불빛을 보았을 때 "예"라고 대답하고 전구를 눌렀다. 그리고 녹색 불
빛이 나타났을 때에는 전구를 누르지 않았다. 여기에서 루리아는 아동의
언어와 운동반응을 하나의 기능체계로 연결하도록 시도하였다.

"

첫 번째 발달 단계에서 아동은 가끔 잘못된 언어적 반응을 보인
다. 그들의 언어는 여전히 습성으로 방해를 받는다. 두 번째 단계
에서 아동들은 올바른 언어적 반응인 "예" 혹은 "아니오"를 나타
내기 시작한다. 그러나 언어와 운동반응을 연결시켰을 때 아동은
가끔 올바른 대답을 했지만 운동반응은 모든 경우에서 나타났다.
이 단계에서 우리는 매우 흥미로운 역설적인 현상을 보았다. "아니
오" 혹은 "누르지 마라"라고 말하는 동안에 아동은 가끔 멈추지
못한다. 그는 자신의 운동반응을 강화하면서도 전구를 더 열심히
계속해서 누를 수도 있다.[90]

"

이러한 경우에 아동은 의미에 대해 응답하는 것이 아니라 자신의
언어적 명령의 충동적 효과에 응답하고 있는 것이다. 이러한 연구는
이 단계의 어린 아동에게는 언어적 반응이 운동반응을 규제하는 기능

89) Luria(1981), pp.98-99.
90) *Ibid.*, p.99.

체계가 존재하지 않는다는 것을 말해준다. 이 단계에서 아동의 운동반
응은 자신의 언어에 의해 강화되지만은 않으며 여전히 습성에 의해서
가끔 지배된다.

그러나 아동 자신의 언어가 행동을 조직화할 수 있다는 것을 발견
하도록 언어의 강화를 도입해야 한다. 즉 빨간 불빛이 들어왔을 때 아
동은 "예"라고 말하고 전구를 누른다. 녹색 불빛이 들어왔을 때 "아니
오"라고 말하고 누르는 행동을 하지 않는 것이다. 아동이 자신의 움직
임을 언어적 반응의 충동적 측면이 아니라 말의 의미에 종속하기 시
작하는 것은 바로 이 단계이다.

3) 루리아의 언어적 자기규제의 3단계 이론

루리아는 임상 실험을 통한 경험적 연구를 바탕으로 당시 소련의
언어규제에 관한 패러다임을 분석하고 자신의 언어적 자기규제에 관
한 3단계 이론을 펼친다.[91] 루리아에 따르면 1단계의 아동은 대략 1.5
세에서 3세 된 아동이다. 1.5세 된 아동은 '손뼉을 쳐라'와 같은 어른의
언어적 명령에 의해 자극될 수 있다는 것이다. 그러나 이 단계에서 아
동에 대한 그러한 외적인 언어의 효과는 매우 제한적이다. 이 시기의
아동이 어떤 행동을 진행하는 동안에 발화된 어른의 명령은 그의 행
위를 직접적으로 억제하거나 진행하는 행동 방향을 변경시키기에는
효과적이지 못하다.

이러한 주장을 뒷받침하기 위해 루리아는 세첼로바노프에 의한 일
련의 연구(단순한 시작-억제-패러다임으로 언급)를 제시한다. 이 실
험은 아동의 행동을 반전시키기 위한 명령(예를 들어 '아동이 반지를

---

91) Wozniak(1999a), pp.125-129.

빼는 행위를 하는 중에 반지를 끼어라'고 말함)을 제시하지만 그 시도
들은 실패로 끝나고 이때의 언어적 명령은 이미 시작한 행동을 오히
려 강화하였다. 이러한 실험에서 아동의 반응은 손바닥에 대한 기구의
촉각적 자극의 강도 때문에 하던 일을 계속하는 고집스런 경향이 나
타날 수 있다. 언어적 가르침의 단서를 사용해서 아동의 고집스런 반
응을 억제하기 위하여 1단계 아동을 설득하려는 모든 시도는 실패로
끝나고 만다.

그러나 1단계 아동의 이러한 성향은 오랫동안 그리고 다소 힘든 훈
련 프로그램을 통해서 극복될 수 있다.[92] 1단계 아동에 있어서 계속
진행하는 고집스런 육체적 반응의 억제는 다음의 두 가지 프로그램으
로 달성될 수 있다.

첫 번째 프로그램은 '이중적 출발 지시 패러다임'으로써 '불빛을 보
면 기구를 눌러라'는 사전 지시를 따르도록 완전하게 훈련되어 온 아
이에게 '불빛을 보면 기구를 누르고 그 다음 무릎을 만져라'라는 지시
를 제시하는 것이다.

두 번째 프로그램은 외적 신호 패러다임으로써 고집스런 충동적인
행동을 소멸하기 위하여 아동의 움직임의 출현을 조건으로 하는 자극
을 사용하는 것이다. 예컨대 '불빛을 보면 기구를 눌러라'는 사전 지시
에 대한 응답으로 완전히 훈련된 아이에게 '불빛을 보면 기구를 눌러
라, 그러면 불이 꺼진다'와 같은 지시를 한다. 불빛이 사라지는 것은
아동이 초기에 누르는 반응을 조건으로 만들어 주는 것이다.

요약하면 소비에트 이론가들에 의하면 아동이 약 1.5세에서부터 2.5
세에서 3세까지 지속되는 1단계에서는 직접적인 명령에 응답할 수 있

---

92) R. H. Wozniak, "Verbal Regulation of Motor Behavior-Soviet research and
non-Soviet replications" in Edited by Peter Lloyd and Charles Fernyhough,
(*Vol. Ⅱ*), 1999b, p.126.

고 오랜 훈련 기간 후에는 독특한 자극에 따라 단순하고 직접적인 행동을 수행할 사전 지시에 응답할 수 있지만 더 복잡한 것은 아동의 능력 밖에 있다. 이 단계의 아동은 어른의 비언어적 신호에 의해 통제되고 규제된다.

두 번째 단계는 비언어적 신호로부터 아동 자신의 외적 언어로 억제적 기능의 전이 단계이다. 일반적으로 이것은 아동의 언어체계가 이동성의 수준이 높은 단계에 이르는 약 3세경에 나타난다. 이 시기에는 '불빛을 보면 기구를 눌러라'라는 형태의 지시에 대한 반응에 있어서 사전 훈련이 더 이상 필요하지 않다. 그러나 여기에서의 아동은 여전히 비자발적이다. 따라서 아동은 여전히 일단 시작한 운동반응을 멈추지는 못한다.

루리아는 이 단계에서 아동 언어의 억제 효과는 어떤 언어적 요소, 즉 언어의 어의적 요소보다는 개별적인 언어-운동반응의 특성으로부터 발달한다고 주장하였다.[93] 첫 실험 연구에서 아동은 "나는 두 번 누를 거야"라는 말을 하면서 동작을 할 때보다는 "눌러", "눌러"라고 말할 때 불빛에 대해 두 번 연속적인 누르기를 할 수 있다는 것이다.

두 번째 연구는 신호를 무작위로 변경하는 실험이다. 색깔 중 하나는 긍정적인 것이고 다른 하나는 부정적인 것으로서 계획된다. 아동은 각각의 긍정적 신호에는 "눌러"라는 말을, 부정적 신호에는 "누르지 마"라는 말을 하도록 요청받는다. 이때 2단계 아동에서는 차별화된 언어적 반응을 하는 데 어려움이 없었다. 그러나 그들은 언어적 반응이 "눌러 혹은 누르지 마"라는 행동과 결합되도록 요청받았을 때 행동은 균형을 잃는다.

---

93) A. R. Luria, "The role of speech in regulation of normal and abnormal behavior" J. Tizard, trans. New York: Liveright, 1961, *Ibid.*, p.127.

요약하면 소련 심리학자들에 의하면 2.5-3세에서 4.5-5.5세 사이에서 지속되는 2단계 아동은 독특한 자극의 출현에 대해 단순한 직접적인 행위를 수행하도록 사전 훈련 없이 올바르게 응답할 수 있는 시기이다. 비록 지속적인 신체적 자극으로 인해 고집스런 운동반응을 이끈다 하더라도 이러한 고집스런 행동은 아동 자신의 언어화뿐만 아니라 비언어적 신호에 의해 억제될 수 있다. 그리고 이때의 억제는 충동적이고 효과적인 억제자인 언어화의 어의적 특성에서 나오는 것이 아니라 언어의 충동적인 측면으로부터 나온다.

3단계는 대략 4.5세-5.5세 이후의 아동으로서 이 단계의 특성은 언어의 규제적 기능의 전이, 즉 언어의 충동적인 측면으로부터 언어의 어의적 측면으로의 전이와 외적인 언어로부터 내적인 언어로의 전이이다. 이 단계의 아동은 어떤 하나의 신호에 대한 응답에서 "눌러", 그리고 다른 신호에 대한 응답에 있어서는 "누르지 마"라는 복잡한 가르침에 성공적인 응답을 수행할 수 있다.

그는 내적으로 고유한 언어적 규칙에 의해 자신의 미래 행위를 규제하고 더 이상 부정적 신호에 어떤 충동적 반응을 생산하지 않는다. 만약 자극을 제시하는 속도를 빠르게 하거나 분별하기 어려운 자극을 사용하는 등 과제가 아주 어렵다면 충동적인 반응이 다시 나타날 수 있다. 그러나 이러한 것들은 실험자가 "누르지 마"라고 말하는 언어적 강화 방식에 의해 혹은 이제는 충동적이 아닌 의미 있게 행동하는 아동 자신의 언어적 반응인 "누르지 마"라는 말에 의해서 억제될 수 있다.

요약하면 3단계는 약 4.5세-5.5세 이후의 시기로서 이 시기의 아동에게는 행동에 대한 언어적 통제가 있게 된다. 아동은 내적인 언어적 규칙에 의해 어떤 행동을 규제할 수 있고 복잡한 상황 속에서 언어의 어의적 측면을 사용하여 자신의 행동을 조직화할 수 있다.

3. 비고츠키와 루리아의 언어적 자기규제론의 비교

언어적 자기규제에 관한 비고츠키와 루리아의 중요한 차이점은 비고츠키가 언어의 규제적 효과에 관한 유일한 근거로서 언어의 운동신경적 매개보다는 언어의 의미, 이차적 신호체계의 속성에 초점을 둔다는 것이다. 이에 반하여 루리아는 일차신호체계에서 이차신호체계로의 전이에 관심을 둔다. 한마디로 언어의 의미를 강조하는 비고츠키와는 달리 루리아는 신체적 자극을 강조한다는 것이다.

비고츠키의 발달 이론에서 아동은 기호의 사용과 더불어 환경을 능동적으로 다룸으로써 자기규제 능력을 획득한다. 환경에 대한 이러한 능동적인 대응은 궁극적으로 아동 자신의 통제로 이끈다. 이에 비해 루리아는 의식적, 자발적 행위를 위한 인간 능력으로서 자기규제의 발달을 다룬다.

루리아는 비고츠키의 사회 발생적 입장에는 동의하며 자발적 행위는 공유된 사회적 결과라고 주장한다. 아동은 처음부터 자발적 행위를 할 수 없다. 오히려 그들은 환경적 조건이나 반사적 행동 유형에 좌우된다. 그러나 어른이 점차 언어를 통해 아동 행위를 지도하고 안내하고 가르침으로써 아동 행위는 힘을 얻게 된다. 아동은 말을 배우고 자기 자신에게 발화된 명령을 부여할 수 있게 된다. 이 점에서 아동은 보살피는 자의 명령과 지시를 자기 스스로에게 외적 언어로 반복함으로써 보살피는 자의 역할을 전수받는다. 처음에 외적 언어의 사용과 나중에 내적 언어의 사용을 통해 아동은 일단 두 사람에 의해 공유된 자발적 기능을 수행한다.

언어의 자기규제 기능에 관한 루리아의 연구는 이러한 기능의 발달에 잘 나타나 있다. 루리아는 처음에 어른과 아동의 언어에 있어서 언어의 의미론적 속성이 아닌 청각적 속성이 규제적 기능을 수행한다는 것을 인식한다. 예컨대 아동에게 있어서 '전구를 누르라'라는 몇 번의 명령 후 발화된 "누르지 마."라는 강한 명령은 아동들로 하여금 오히려 더 강력하게 전구를 누르게 한다. 이 점에서 아동의 운동 활동은 어른 언어의 물리적인 힘에 의해 이끌리게 된다.

얼마 후 점차 아동은 어른과 자신의 언어의 의미론적 속성에 관심을 두기 시작한다. 아동이 언어의 의미론적 측면으로 인도될 때 언어는 더 이상 외적일 필요가 없다. 따라서 언어는 내면화된다. 루리아에 있어서 자기규제 능력은 최종적으로 사적 언어의 내면화에 의해 완성된다.

루리아에 의하면 사적 언어의 기원은 어른의 언어적 명령이나 지시 속에서 발견된다는 것이다. 그러나 그는 아동이 어른의 명령과 지시를 단순히 반복하는 것이 아니라 오히려 아동의 확장된 언어를 통해 자기규제가 실현된다고 주장한다.94) 앞에서 비고츠키가 제시했듯이 루리아 역시 인지 과제를 수행하는 동안 아동은 대개 어려움이나 어떤 고민을 만났을 때 말하기 시작한다고 주장한다. 어떤 어려움에 직면하게 될 때 아동은 처음에 자신의 실천 활동으로 문제를 해결하려고 한다.

그러나 문제 해결에 성공하지 못한다면 아동은 언어적 영역으로 자신의 노력과 시도를 변경한다. 이러한 맥락에서 아동의 외적 언어는 어떤 사람이나 실험자와의 사회적 대화로서 시작하고 때로는 도움을 요청하기도 하고 좌절을 표현하기도 한다. 아동의 언어는 상황을 기술하고 어려움을 진술한 다음 점차 가능한 행위 과정을 계획하는 것으로 발달한다. 언어의 계획, 안내, 규제 기능은 사회적 대화로부터 유래하지만 단순히 어른이 안내하는 언어를 모사하거나 따라하는 것은 아

---

94) Luria(1981), p.103.

니다. 실제 아동의 계획과 규제 언어는 아동이 직접적으로 그 문제를 해결하는 능동적인 시도를 할 때 나타난다.

요약하면 비고츠키는 인간과 동물의 기본적인 차이를 고등정신기능에 있다고 보고 자발적 행위의 기원을 설명하고자 한다. 이를 위해 그는 사회적 행위와 심리과정에 공유하는 메카니즘으로서 신호체계 특히 언어에 주목한다. 언어야말로 역사적으로 발전된 신호체계로서 행동을 통제하는 독특한 자극이라는 것이다.

그는 언어를 자극-반응에 의해 충분히 설명될 수 없는 자발적 행위의 발달을 위한 토대로 간주한다. 인간의 행위에 언어가 개입되면서 정신기능의 구조와 흐름이 바뀐다. 이것은 마치 자연을 통제하는 기술적 도구처럼 심리적 도구인 언어는 자기 자신이나 타인의 행동 과정을 통제하는 도구가 된다. 이처럼 동물과 달리 인간은 언어에 의해 자신의 행위를 스스로 규제한다. 언어적 자기규제는 아이의 외적 자극으로부터 내적 자극으로 행동이 통제 내지는 규제되는 전이적 과정을 거쳐 발달된다.

비고츠키에 의해 시작된 언어적 자기규제에 관한 연구는 루리아의 발달적 그리고 임상적 연구를 통해 명료하게 보완된다. 루리아의 자기규제의 발달 단계는 첫째, 비언어적 자극에 의한 행동 통제, 둘째, 아동 자신의 외적 언어에 의한 행동 통제, 셋째, 내적 언어에 의한 자기 통제 단계로 발달한다. 언어적 자기규제에 관한 루리아와 비고츠키의 중요한 차이점은 비고츠키는 이차 신호체계의 속성에 초점을 두지만 루리아는 일차 신호체계에서 이차 신호체계로의 전이에 관심을 둔다. 그리고 언어의 의미를 강조하는 비고츠키와는 달리 루리아는 신체적 자극을 강조한다.

이처럼 인간의 고등정신기능, 즉 자발적 행위의 기제가 언어라는 것이 비고츠키주의자들의 통찰이다. 다시 말해서 인간이 동물과 달리 자발적 행위 혹은 자기규제가 가능한 이유는 사회문화적 산물인 언어를 갖고 있기 때문이라는 것이다. 그렇다면 언어에는 규제적 기능이 있고 언어의 규제적 기능이 어떻게 발달하는지를 좀더 이론적으로 고찰할 필요가 있다.

Ⅳ 비고츠키주의자의
   언어의 규제적
   기능과 그 발달

언어적 자기규제에 관한 비고츠키적 관점이 정신 작용의 발전이나 성질에 관해 밝히고는 있지만 규제기능이 어떻게 발생하는지에 대한 이론적인 설명을 하지 못했다는 점에서 비판의 여지가 있는 것도 사실이다.

이러한 비판에 주목하여 워치는 언어의 규제기능이 어떻게 발생하는지를 사적 언어의 구문론적 분석을 통해 밝히고자 하였다. 내적 언어는 형태가 없는 언어이므로 규제적 기능이 어떻게 형성되고 발달하는지를 증명할 수 없다. 따라서 워치는 내적 언어와 유사한 기능을 갖고 있는 사적 언어의 분석을 통해서 규제적 기능이 어떻게 형성되고 발달하는지를 이론적으로 설명하고자 하였다. 그리고 이러한 사적 언어에는 행위를 규제할 수 있는 계획 기능이 있음을 레온테프의 활동이론을 통해서 설명하고자 했다.

본 장에서는 사적 언어의 구문론적 특성에 관한 워치의 분석을 고찰함으로써 내적 언어에는 규제적 기능이 있음을 규명하고 언어의 규제적 기능의 발달 과정을 살펴보고자 한다.

1. 사적 언어의 구문론적 특성: 언어의 규제적 기능

워치는 내적 언어의 규제적 기능에 관해 학문적으로 규명하고자 한다. 이를 위해 그는 차페(Chafe)의 청자와 화자 사이의 사회적 언어의 '기존 지식' 및 '새로운 지식'에 관한 문법적 주어, 심리적 주어에 관한 구문론적 분석을 원용한다. 차페에 의하면 기존 지식은 발화과정에서 생략되거나 축약되고 대명사화되고 약화된다. 반면에 새로운 지식은 강하게 발화되고 높은 지위를 부여받는다. 이러한 사실은 사적 언어 현상에도 그대로 적용된다.

비고츠키는 이러한 차페의 구문론을 심리적 주어(기존 지식)와 심리적 술어(새로운 지식)로 대치한다. 비고츠키는 심리적 주어를 '주어진 구에서 이야기되는 것' 또는 '듣는 사람의 의식 속에 맨 처음 있는 것'으로 정의하고 심리적 주어를 '새로운 것', '주어에 대해 말해지는 것'이라고 하였다.[95] 워치는 이러한 차페와 비고츠키의 구문론 연구를 토대로 사적 언어를 분석한다. 또한 워치는 청자, 화자가 동일한 사람 내에서 일어나는 의식을 설명하기 위해 소비에트 활동 이론을 끌어들인다. 소비에트 활동 이론에서 행위란 목표와 관련된 의식적 행동을 의미한다.

워치는 이러한 차페의 연구를 토대로 사적 언어를 분석한다. 그런데 차페의 연구는 사회적 언어의 분석으로서 청자와 화자가 존재하지만 사적 언어는 대상이 없는 자신과의 대화이다. 그러므로 사적 언어의 경우에 주어진 지식은 발화의 순간에 화자의 의식 속에 있는 지식이고 새로운 지식이란 화자의 의식으로 도입되는 지식이다. 따라서 사적 언어의 발화는 진행하는 행위에 대한 설명으로서 행위의 목표를 함축한다. 그러므로 사적 언어의 발화는 목표 주도적 행위를 수행하는 과

---

95) 한양대 사회인지발달연구모임(역), 앞의 책, p.160.

정을 나타내는 것으로써 행위에 대한 계획, 규제적 기능을 갖는다.

1) 사회적 언어의 기존 지식과 새로운 지식

워치는 사적 언어의 구문론적 특성의 분석을 통해 내적 언어의 규제적 기능을 고찰한다.[96] 내적 언어는 기존의 지식은 생략되거나 축약되고 술어 중심적 구조를 갖는 의미론적 특성이 있다. 워치는 이러한 내적 언어의 의미론적 특성인 술어성으로부터 지식의 조직화 과정 분석을 통해 언어의 규제적 기능을 해명한다.

비고츠키는 내적 언어의 규제적 기능을 사적 언어로부터 찾는다. 왜냐하면 내적 언어는 직접적으로 관찰할 수 없어서 명확한 분석을 하기가 사실상 불가능하기 때문이다. 사적 언어란 아동이 자신에 관해 이야기하는 것으로서 내담자에는 관심이 없고 의사소통에 관심을 두지 않으며 응답을 기대하지도 않고 어떤 사람이 그에게 귀를 기울이는 것에 주의를 하지 않는 언어이다.

66

　사적 언어는 축약의 구체적인 형태를 향한 경향성을 보여준다. 즉 술어는 보존되는 반면에 문장의 주어가 생략되고 모든 말들이 생략된 주어와 관련된다. 술어를 향한 이러한 경향성은 우리가 내적 언어의 기본적인 구문 형태라고 가정해야 하는 그러한 규정성을 가지면서 모든 우리의 실험에 나타난다.[97]

99

---

96) J. V. Wertsch, "The regulation of human action and the given-new organization of private speech", in G. Zivin (ed.), *The Development of Self-Regulation Through Private Speech*, A Wiley-Interscience Publication, 1979, pp.79-97.

97) Vygotsky(1981), p.139.

비고츠키는 술어의 언어적 구조 분석보다는 기능적인 것에 보다 더 관심을 둔다. 워치가 생각하기에 비고츠키는 실질적으로 구문이나 문법적 주어와 술어보다는 기존 지식과 새로운 지식과 같은 기능적 언어학의 발달에 관한 개념에 관심을 두었다고 본다. 워치는 비고츠키가 술어에 관해 언급할 때 명사와 동사에 관해 언급함이 없다는 것에 주목한다. 비고츠키는 이미 문법적 주어·술어와 심리학적 주어·술어 사이의 차이점을 인식했다고 본다.

사적 언어에서 심리적 주어와 술어에 대한 개념이 어떻게 사적 언어에서 역할을 하는지를 이해하려면 문법적 주어와 술어를 엄격히 구별할 필요가 있다. 문법적 주어와 술어의 개념은 보통 표층 구문에 의해 엄격하게 구분되어 왔다. 예를 들어 성이나 수 같은 요소와 명사구와 동사 사이의 일치 여부는 일반적으로 문법적 주어를 밝히기 위한 수단으로 사용된다. 차페는 비록 한 문장의 주어 개념이 중요한 인지적 역할을 한다 하더라도 구문론적 근거 위에서 엄격하게 문법적 주어와 술어를 밝혀야 한다고 주장한다. 이러한 점이 바로 비고츠키가 마음에 두었던 것이다.

이러한 토대 위에서 영어의 경우에 주어는 서술절에서 동사구 앞에 나타나는 명사구이며 의문문 속에서 보조사와 의문사 후에 바로 나타나며 수와 인칭이 일치한다. 술어는 보통 동사, 보어, 목적어, 형용사들로 구성된다. 워치는 다음과 같은 예를 통해 심리적 그리고 문법적 주어·술어의 역할을 비교 검토한다.[98]

① "존이 흔들의자를 수리했다." ② "그는 흔들의자를 수리했다."
③ "존은 그것을 했다." ④ "흔들의자는 존에 의해 수리되었다."

---

98) Wertsch(1979), pp.81-82.

위의 예에서 '존'은 ①과 ③에서 문법적 주어로서 역할을 한 반면에 ②에서는 '그'가 문법적 주어이다. 문법적 주어를 행위자와 같은 어의적 개념과 혼동해서는 안 된다. 왜냐하면 문장 ④에서 '존'이 여전히 ①과 ③에서처럼 행위자이지만 흔들의자가 문법적 주어이다. 비고츠키는 내적 언어의 술어성을 문법적 주어와 술어의 특성을 통해 설명한다.

심리적인 주어와 술어를 문법적인 주어와 술어로 구별하고자 할 때 한 문장의 문법적 주어와 술어는 의사소통적 맥락과는 무관하게 여전히 남아 있다. 어떤 문장이 화자에 의해 어떻게 사용되는가 하는 것은 그 문장의 문법적 주어와 술어의 변화에 기인하지 않는다.

비고츠키가 심리적 주어를 다룰 때 그는 문장이 '무엇에 관한 것' 그리고 '청자의 의식 속에 먼저 있는 것'이라고 말한다.[99] 즉 심리적 주어는 청자의 의식 속에 이미 있었던 지식을 말한다. 심리적 술어에 관해 그는 '새로운 것', 즉 청자의 의식에 첨가된 새로운 지식이라고 말한다. 차페의 말을 들어보자.

> 기존(혹은 오래된) 지식은 화자가 발화의 순간에 상대방 의식에 있다고 가정하는 지식이다. 소위 새로운 지식은 화자가 말하는 것으로 청자의 의식에 개입하고 있다고 가정하는 것이다.[100]

비고츠키처럼 차페도 의식의 개념을 중시한다. 청자 의식의 상태는 특별한 의사소통적 맥락의 토대 위에서만 결정될 수 있다. 기존 지식을 전달하는 발화 부분은 더 낮은 지위, 더 약한 강조, 명사가 대명사

---

99) *Ibid.*, p.82.
100) W. L. Chafe, "Givenness, contrastiveness, definiteness, subjects, topics, and point of view", in C. N. Li, ed., *Subject and topic*, New York: Academic, 1976, p.30.

화되는 경향성으로 특징지어진다. 한 문장의 의사소통적 맥락에 적합한 방식은 문장의 어느 부분이 기존 그리고 새로운 지식과 연관되는지를 결정한다. 이것은 주어와 술어에 할당된 문장의 몫이 언제나 똑같지 않음을 의미한다.

예컨대 만약 ① "존이 흔들의자를 고쳤다."라는 문장은 문법적 주어와 술어가 기존 혹은 새로운 정보를 전달할 수 있다. 만약 두 사람이 존에 관해 이야기한다면 우리는 존의 개념이 두 사람의 의식 속에 있다는 것을 가정할 수 있다. 따라서 존은 둘 사이에 기존 지식이다. 이 경우에 A가 B에게 ①을 말한다면 흔들의자를 수리하는 것은 아마 B에게는 존에 관한 새로운 지식일 것이다. 이러한 의사소통적 맥락에서 '존'은 정상적으로 낮은 지위와 약한 강세를 받을 것이다. 그것은 ②에서처럼 대명사화될 수 있다.

한편 만약 A와 B가 수선되어 온 흔들의자를 논의한다면 그리고 만약 A가 B에게 ①에 대해 말한다면 '존'은 아마 새로운 지식을 수반할 것이다. 그것은 B의 의식에 도입된 지식이다. 문법적 주어는 새로운 지식(비고츠키의 심리적 술어)을 포함하며 문법적 술어는 기존의 지식을 포함한다. 즉 비고츠키의 심리적 주어는 의사소통적 맥락에서 강도와 지위에 있어 보다 덜 강조를 받을 것이고 반대로 새로운 지식[존]을 전달하는 문장 부분은 더 강한 강도와 더 높은 지위를 받을 것이다.

이러한 상황은 적어도 관련된 두 사람의 의사소통적 상호 교환에서 분석된 기존 그리고 새로운 지식에 대한 개념과 문법적 술어와 주어를 다루는 것이다. 예컨대 새로운 것에 대한 차폐의 분석은 한 사람(화자)이 다른 사람(청자)의 의식에 개입되고 있는 것과 관련된다.

비고츠키가 심리적 주어를 생략함으로써 축약된 사적 언어 혹은 내적 언어에 대해 언급할 때에는 상황이 다르다. 왜냐하면 단지 한 사람에게만 관련된 문제에 대해 두 사람의 의사소통적 상호 작용에 기초하여 이러한 구문론적 특성을 적용하려는 것이기 때문이다. 다시 말해서 한 개인이 분리된 의식을 가진 화자와 청자를 동시에 가정해야 하는 것이다. 이러한 연유로 워치는 사적 언어가 분리된 개인(화자와 청자)의 의식에 의존할 수 없다면 사적 언어의 술어적 본성에 관한 분석은 아동의 행위 분석에 기초해야 한다고 본다.

2) 레온테프의 활동 이론에 기초한 행위

사적 언어의 기존 그리고 새로운 조직화와 행위 사이의 관계에 관한 분석을 진행하기 전에 행위의 의미를 이해하는 것이 필요하다. 워치는 사적 혹은 내적 언어는 사회적 언어와는 달리 한 개인이 화자와 청자의 입장이 되어야 하므로 아동에 의해 발화되는 사적 언어를 행위와의 관련을 통해 사적 언어의 술어적 본성을 분석하고자 하였다.

행위라는 용어는 소비에트 심리학에서 특별한 의미를 갖는다. 행위의 개념은 비고츠키에 의해서 토대가 구축되고 레온테프에 의해 더욱 발전한다. 비고츠키 제자이면서 초기 협력자 중의 한 사람이었던 레온테프는 소비에트 심리학에서 활동 이론을 발달시키고 이를 통해 행위를 설명한다.

활동에 관한 레온테프의 설명은 추상의 세 수준과 관련된다.[101] 첫 번째 수준은 활동과 그 활동과 연합된 동기에 관심을 둔다. 활동에 관한 설명으로 그는 가끔 동기의 이해로써 배고픈 사람을 사용한다. 이때의 동기는 유기체 활동 이면에서 강력한 에너지를 제공하지만 이러한 수준에서는 행위의 목적이나 목표에 관해서 어떤 것도 제공해주지 않는다.

---

101) Wertsch(1979), pp.85-88.

그것은 기본적으로 행위 이면의 동기의 힘과 관련된다.

활동 이론에서 두 번째 수준은 레온테프가 행위나 행위의 목표라 부르는 것과 관련된다. 행위는 의식적 목표를 향해 인도되는 인간 기능의 한 부분이다. 그것은 점 A로부터 점 B로 가는 것과 같은 쉽게 관찰할 수 있는 행동의 부분일 수 있고 그것은 수학 문제를 푸는 것과 같은 인지 과정일 수도 있다.

레온테프에 의하면 행위를 명확히 하는 중요한 기준은 그것의 목표이다. 어떤 사람의 행위는 그 사람이 가진 목표를 이해할 때만 이해가 가능하다. 이러한 행위를 수행하는 사람의 경우에 의식적으로 행위를 시작하기 전에 목표를 인지하고 있다. 즉 이 두 번째 수준에서 행위자는 행위를 수행하기 전에 목표를 인지하고 있다.

세 번째 수준은 조작과 연합된 조건과 관련된다. 이 수준은 어떻게 행위가 특별한 맥락에서 수행되는지에 관심을 갖는다. 몇몇 다른 조작이 하나의 어떤 행위와 관련되기도 하고 행위 또한 하나의 유일한 조작을 사용해서 수행되기도 한다. 이것은 행위는 의식적인 목표와 관련되는 반면 조작은 의식적인 목표와는 직접적으로 관련되지 않는다는 것을 의미한다.

활동 이론은 행위와 조작 사이에 중요한 발달적 관계를 가정한다. 레온테프는 이러한 점을 설명하기 위해 자동기계 속에서 기어를 변경하는 예를 든다. 먼저 기어를 변경하기 위해 레버를 조작하는 학습 과정은 의식적으로 목표 주도적 행동(behavior), 즉 행위(action)와 관련된다. 그러나 그 시간 이후 기어의 변경은 자동화되고 일상화된다. 이렇게 되면 그 과정이 더 이상 의식적, 즉 목표 주도적 노력과 관련되지 않기 때문에 조작의 수준으로 전락한다. 레온테프의 추상의 수준에 관한 이러한 축약된 설명은 행위와 조작 사이의 특징이 본래 기능적이라는 점을 말해준다.

비고츠키의 주요 관심은 어떻게 아동들이 목표 지향적 행위를 수행하는 능력을 발달시키는가를 이해하는 것이었다. 어른들은 행위를 수행하는 데 필요한 과정을 통해 아동을 이끄는 방식으로 상호 작용한다. 이 단계에서 아동들은 어른에 의해 행위가 이끌려지는 동안에는 아동들은 가끔 행위의 전체적인 구조를 이해하지 못할 수도 있다. 실제로 어떤 경우에 아동은 행위 혹은 목표가 관련됐다는 것을 결코 알지 못하고 어른의 지도에 따름으로써 행위를 완성할 수도 있다. 분명히 아동은 내적 수준에서 진정한 행위를 수행하지 못하기 때문에 진정한 행위를 수행하는 것은 아니라고 볼 수 있다. 왜냐하면 이때의 행위는 자신의 목적에 이르기 위한 활동이 아니라 어른이 인도하는 목적에 따르는 활동이기 때문이다.

아동은 처음에는 자신이 의식적으로 일치된 목표를 향해 나아가지 못한다. 오히려 그는 어른이 목표하고 인식한 것의 단계를 통해 인도된다. 다시 말해서 이 단계에서는 기능의 개인 간 수준에서만이 수행될 수 있는 행위를 다루고 있는 것이다. 아동은 대부분의 행동을 독립적으로 수행할 수 없고 형성할 수도 없다. 왜냐하면 그는 스스로 목표를 제시할 수 있는 능력이 부족하기 때문이다. 만약 어린 아동이 추상적 형태의 표상을 지닌 목표로써 행위를 수행하려면 그러한 표상의 능력을 가진 어른에 의해 규제되거나 중재되어야만 한다.

아동은 어른이 자신을 규제하는 데 사용했던 수단을 스스로 사용하기 시작할 때 목표 주도적 행위를 수행하는 능력을 획득한다. 즉 아동은 과거에 개인 간 수준에서 유일하게 실행될 수 있었던 것을 개인 내적 수준의 과정에서 실행하기 시작한다. 다른 사람이 아동을 규제하는 가장 중요한 수단은 지시적 언어(directive speech)이다. 자기규제를 위한 가장 중요한 수단은 자기 지도적(selt-directed) 언어이다. 이러한 언어 형태는 아동의 사회적 언어로부터 성장하고 사적 언어에서 처음 나타난다. 그리고 나중에 그것은 내적 언어가 되어 잠복한다. 따라서 사적 언어를 사용하기 이전의 아동의 경우에 그들의 독립된 행동은 진정으로 행위를 수행할 수 없다고 볼 수 있다. 이 수준에서 아동 행동의 대부분은 행위로 조직화되지 못한다. 행위로 나타날 수 있는 행동적 결과들은 자기규제라기보다는 대상 규제에 의해, 혹은 다른 규제에 의해 인도된다. 사적 언어의 출현과 더불어 아동은 목표를 나타내는 수단을 소유하게 된다.

3) 행위와 사적 언어의 기존 그리고 새로운 구조

비고츠키는 사적 언어가 사회적 언어와는 다르며 사적 언어의 기능과 형태에 있어서 전이적 단계가 있다고 주장한다. 초기의 사적 언어는 진행하는 행동에 관한 설명일 수 있다. 다시 말해서 자신이 하는 행동에 대한 단순한 언어적 표현일 수 있다는 것이다. 자기규제적 행위는 행위자의 행동이 의식적인 목표에 의해 인도되어야 한다. 그렇지 않으면 그러한 행동은 자기규제적 행동일 수는 없다. 어린 아동의 경우에 사적 언어의 초기 형태는 자기규제적 행위의 수행에 도움을 주기 어렵다. 왜냐하면 이때의 사적 언어는 의식적인 목표에 의해 인도되는 그러한 행위가 아니라 단지 자기 행동을 이야기하는 수준이기 때문이다.

그러나 나중에 사적 언어는 탈상황적 표상을 요구하는 행위를 수행하고 형성하는 데 보다 더 관심을 두게 된다. 이 단계에서 사적 언어의 유형과 기능이 변화한다. 이때의 사적 언어는 단순한 자기 행동을 말하는 수준이 아닌 자신의 행위에 대한 의식적인 목표 지향적인 행위이다. 이렇게 사적 언어가 행위의 수행을 도와줄 수 있게 됨에 따라 행위와의 관계가 변화되고 사적 언어의 기존-새로운 구조를 결정하는 요소들은 변화한다. 워치는 이러한 과정에서 사적 언어에 관한 기존-새로운 분석 역시 차폐의 기존-새로운 분석에서처럼 행위자가 수행하는 행위에 의해 기본적으로 결정될 것이라고 생각했다.

> 66
> 사적 언어의 경우에 주어진 지식은 발화 순간에 화자의 의식 속에 있는 지식이다. 소위 새로운 지식이란 화자의 의식으로 도입되는 것이다.102)
> 99

차폐는 사회적 언어에 있어서 기존 지식을 전달하는 발화의 부분은 낮은 지위와 약한 강조를 받고 대명사화될 수 있지만 새로운 지식을 전달하는 발화 부분은 반대 입장으로 다루어진다. 새로운 지식을 전달하는 발화의 부분에 대해 더 크게 강조하고 기존의 지식을 전달하는 발화의 부분에 관해 약하게 강조하는 이러한 경향성은 사적 언어에도 적용될 수 있다는 것이다. 즉 사적 언어의 경우에 음성화되는 것은 새로운 지식이고 기존 지식을 전달하는 발화의 부분이 완전히 생략된다. 비고츠키의 관점에서 사적 언어의 외적인 형태는 심리적인 주어(기존의 지식)는 생략되고 단지 심리적인 술어(새로운 지식)는 보존되는 것이다. 사적 언어가 행위자 자신의 행동을 이야기하는 수준에 있고 목표지향적 기능을 취하지 못할 때에도 그것은 축약된 발화 형태를 취한다.

초기의 사적 언어는 두 가지 사실을 함축하고 있다. 하나는 사적 언어는 관련된 내담자가 없다는 것이다. 따라서 사적 언어는 차폐가 설

---

102) Wertsch(1979), p.91.

명한 기존-새로운 조직화의 분석으로 접근하기는 어렵다는 것이다. 또 다른 하나는 사적 언어의 초기 형태는 아동의 행동과 복잡하게 얽혀 있다는 점이다. 따라서 아동의 행동이 어떻게 사적 언어의 기존-새로운 조직화에 영향을 줄 수 있는가를 검증해야 한다. 워치가 사적 언어의 규제적 기능 분석에서 주목하는 핵심적 요체는 행위와 사적 언어 사이의 밀접한 관계이다.

워치는 퓨손(Fuson)의 두 살 된 두 아동이 함께 퍼즐 맞추기 분석에 관한 사적 언어의 자료를 이용하여 사적 언어를 분석한다. 퍼즐은 동물 그림들이 있고 실험자가 아동에게 주는 모형에 따라 구성된다. 두 아동 각각은 이러한 과제에 대해 혼자 활동한다. 기록된 사적 언어에 관한 일부 관련된 내용은 다음과 같다.[103]

> *아동A:* ① "오우!"
> ② "그리고 한 마리 말. 말들. 그리고 발 하나, 또 발 하나 ."
> ③ "고양이 네 마리(해석할 수 없는) 그리고 개 한 마리, 개(그)가 여기로 간다."
> *아동B:* ④ "흠? 오우 우-우. 오리 잡았어. 뱀, 뱀. 브렉."
> ⑤ "강아지"
> ⑥ "타 구 도. 이 뱀, 뱀. 그들은 깨뜨린다. 오우, 뱀"
> ⑦ "오우. 와. 와스. 이-이. 야 열어라. 심민. 그는 나간다. 헤이 멍키"

이러한 사적 언어는 해석하기 어렵고 우연적인 발화의 잡동사니 같다. 그렇지만 이러한 사적 언어의 발화가 언어에 영향을 주는 요소가 있다는 점이다. 예컨대 이러한 사적 언어의 발화들, 예를 들면 ④ "뱀, 뱀",

---

103) *Ibid.*, pp.92-93.

⑥ "타 구 도", ⑦ "오우. 와. 와스. 이 - 이."의 발화의 대부분은 퍼즐의 부분에 관심을 둔다는 것이다. 예컨대 ② 그리고 말, 말, 그리고 발, 발, 발 …… ③ 네 마리 고양이 …… 그리고 개, 개가 여기로 간다. ④ 오우, 오우. 오리를 잡았어. 뱀, 뱀 ⑤ 강아지 등이 그것이다.

그러나 ③에서 아동은 퍼즐의 조각, 즉 부분을 단지 언급하는 것이 아님을 알 수 있다. 그는 동물이 가는 곳을 언급하고 있다. 이 실험 연구에서 다른 아동의 발화는 퍼즐 조각의 이름과 그것이 어울리는 퍼즐 구조의 장소를 포함한다. 여기에서 중요한 점은 아동이 조각이 들어가는 퍼즐 구조 속의 위치 이름은 빠뜨리지만 조각 이름을 빠뜨리지는 않는다는 것이다.

보통 사적 언어에서 음성화된 상황의 부분은 새로운 지식에 관심을 두는 부분이다. 가끔 기존 지식은 아동의 발화로부터 생략되어 축소된다. 새로운 지식으로 음성화되는 것은 외적인 대상과 관련된 것은 사실이지만 무엇이 새로운 지식인가를 결정하는 것은 대상 자체는 아니다. 이것은 대상이 목표, 지도적 행위와 조화를 이루는 토대 위에서만이 밝혀질 수 있다는 것을 의미한다. 예컨대 하나의 퍼즐 조각이 몇몇 다른 퍼즐 구조의 일부분과는 일치될 수는 있지만 전부와 일치될 수는 없다고 가정해 보자. 만약 아동의 목표가 퍼즐 조각과 일치하는 구조를 찾는 것이라면 그는 그러한 행위를 수행하려고 노력할 것을 기대할 수 있다. 퍼즐 구조에 관한 지식은 아동이 여러 가능성을 가지고 퍼즐 놀이에 참여할 때 그의 의식 속으로 도입될 것이다. 이때 아동의 사적 언어는 이것을 반영한다. 따라서 기존 지식은 관련된 조각에 관심을 두게 될 것이고 새로운 지식은 퍼즐 구조에 관심을 가지게 된다는 것이다. 이러한 맥락에서 워치는 사적 언어에 있어서 기존 - 새로운 지식에 관한 정의를 수정한다.

> 사적 언어의 경우에 기존의 지식은 발화의 순간에 화자의 의식
> 속에 있는 지식이다. 소위 새로운 지식은 그가 수행하는 행위의 결
> 과로써 화자의 의식으로 도입된 것이다.[104]

사적 언어에 대한 과거 연구는 보통 그것이 어떤 발달적 수준에서 어떤 조건하에서 나타나는지에 관심을 두었을 뿐이므로 이처럼 사적 언어의 유형과 내용을 검증하는 방식으로 행해진 것은 거의 없다. 이상의 고찰을 통해 아동에게서 발화된 사적 언어는 아동의 행위와 관련되며 이러한 행위는 목표와 관련된 계획 기능이 함축되어 있다는 것을 알 수 있다. 이것은 사적 언어의 규제적 기능을 의미한다. 사적 언어가 발달하듯이 그것의 형태와 기능은 변화한다. 사적 언어는 진행하는 행위를 기술하기보다는 진정한 규제적이고 계획적 기능을 취한다. 이제 이러한 언어의 규제적 기능이 어떻게 발달하는지를 구체적으로 살펴보자.

2. 언어의 규제적 기능의 발달

루리아는 언어가 행동을 조직한다는 비고츠키의 주장을 실험으로 검증하고 발전시킨다. 특히 그는 실험적 관찰을 통해 행동의 규제자로서 언어를 연구한다. 이 연구에서 그는 언어적 규제 발달에 관해 세 단계로 정리한다. 첫 단계는 통제가 오직 어른 언어에 의해 훈련된다. 두 번째는 피험자 자신이 발화하는 말의 충동적인 측면의 도움으로 통제가 전수된다. 그리고 마지막으로 피험자의 모든 언어적 특성, 특

---

104) *Ibid.,* p.95.

히 언어의 의미론적 측면이 행동 규제에 작동한다.

언어에 의한 행동 규제의 첫 번째 전이는 어른 언어에 의한 외적 규제로서 언어의 충동적인 측면에 의한 규제이다. 그 다음의 통제는 내적 통제로서 언어의 의미론적 측면에 의해 만들어진 규제이다. 두 번째 전이는 언어의 내면화와 일치한다. 루리아의 경험적 실험은 언어가 아이에게 내면화되면서 어른 언어에서 나타났던 행동의 규제적 요소가 아이 스스로의 행동 규제적 요소로 전이되어 행동을 규제한다는 것을 입증한다.

루리아는 비고츠키의 가설을 입증하는 많은 실험적 자료를 종합한다. 첫 번째 실험 부류에서 그는 어른 언어가 어린 아동의 행동에 영향을 줄 수 있음을 보여준다. 약 18개월 된 아동에 있어서 아동 주변에서 조성되는 언어적 산물은 아동의 어떤 고집스런 행동이나 습관적 행동을 감소시키는 데 효과가 있었음을 보여준다. 두 번째 실험 부류는 어른 언어에 의해 실험자의 행동 통제 훈련이 가능함을 보여준다.

2.5세 정도에 이르면 어른 언어에 의해 아동 행동 통제가 이루어진다. 루리아의 설명에 의하면 이때의 행동 규제적 상황은 충동적 측면에 의한 언어적 규제라는 것이다. 마지막 단계는 5세 이후에나 나타난다. 여기에서 언어적 반응은 의미론적 역할을 수행하고 과제 분별이 완전하게 실행된다. 이를 좀더 구체적으로 살펴보자.

1) 외적 언어의 자기규제

비고츠키의 관점에서 자기규제적 언어의 근원은 어른 언어에 대한 아동의 순종 과정이다. 어른의 언어는 어린아이의 활동의 근원이다. 어머니에 의해 이름이 붙여지고 제스처로 가르치는 행위는 아동의 주

의를 집중시킨다. 이러한 어머니와의 의사소통적 행동은 아이로 하여
금 주위 환경의 여러 사물로부터 하나의 대상을 구별하게 한다. 결과
적으로 아이의 주의 집중은 자연적으로 조건반사의 법칙을 따르는 것
을 중지하고 어른 언어에 종속되기 시작한다. 따라서 이러한 아이의
새로운 행동 유형의 기원이 되는 것은 생물학적이라기보다는 사회적
이라 할 수 있다[105].

비고츠키가 이러한 가설을 형성했을 때 말의 규제적 기능에 관한
모든 발달 단계를 증명하는 자료를 충분히 제공하지는 못했다. 어른의
언어적 명령에 순종하는 능력을 형성하는 단계는 루리아와 폴리아코
바(Luria & Polyakova)의 연구에 의해 1세에서 3세 아동에게서 검증
되었다.[106] 과거의 심리학자들은 어른의 언어는 어린아이의 주의를 집
중함을 증명했다.

어머니가 아이에게 젖을 먹이는 동안 아이에게 어떤 말을 속삭이기
시작하면 그 아이는 젖 빨기를 갑자기 멈춘다. 비슷한 관찰이 최근에
미국의 유명한 심리학자 부루너에 의해서도 관찰되었다. 따라서 아주
어린아이에게조차 어머니의 언어는 본능적인 진행을 억제하는 아이의
지향반응(orienting response)을 초래한다. 이것은 비록 어머니의 언어
가 특별히 생물학적 혹은 물리적 관점에서 강한 자극은 아니라 하더
라도 그것은 강한 사회적 자극이 될 수 있다는 것을 암시한다. 그리고
어머니의 언어는 안정된 지향반응을 야기하고 본능적인 반응을 억제
한다.

이들에 의하면 언어의 규제적 반응은 어머니가 나중에 아이에게 명
령을 지시할 때 나타난다. 예컨대 어머니가 아이에게 "컵 어디 있니?"

---

105) Luria(1981), pp.90-96.
106) *Ibid.*, pp.90-91.

라고 말할 때 아이가 컵으로 눈을 돌릴 때 나타난다는 것이다. 이 단계에서 언어적 가르침은 단순히 일반적 지향반응을 불러일으키는 것이 아니고 진행하는 다른 반응을 억제하며 가끔 구체적인 반응을 이끌어 낸다는 것이다. 이들의 관찰에 의하면 아이의 관심을 집중하거나 행동을 규제하는 어른의 영향은 즉각적으로 이러한 힘을 얻는 것이 아니다. 어른 언어의 이러한 지시적 기능은 오랜 기간에 걸쳐 극적인 발달을 경험한다는 것이다. 루리아에 의하면 몇 번의 언어의 지시적 기능은 실험을 통해 세 단계의 발달 과정을 거친다.

첫 번째 실험[107] 단계는 12 내지 14개월 된 아이들은 "공을 나에게 줘.", "너의 손을 들어 봐.", "컵은 어디에 있니?"와 같은 명령에 대한 지향반응을 한다는 것이다. 어른의 언어는 이미 아이의 활동을 규제하는 기능을 갖는다는 것이다. 그러나 이때의 이러한 반응 유형은 단순한 조건화에서 나타나는데 아직까지는 어른의 언어는 아이의 행동을 규제하는 안정적인 능력을 확보하지 못한다.

이러한 사실은 실험 상황을 좀더 복잡하게 조성함으로써 간단히 증명될 수 있다.[108] 예를 들어 아이들과 친숙하고 그러한 물건들과 동등하게 매력을 갖는 물고기, 닭, 고양이, 컵과 같은 몇 가지 물건들을 아이 앞에 놓는다. 고기가 컵이나 고양이보다 아이로부터 멀리 떨어져 있을 때, 혹은 고기가 닭이나 컵처럼 색깔이 밝지 않을 경우, 이 장면에서 실험자는 아이에게 고기를 선택하도록 한다. 여기에서 아이가 적절한 대상을 선택하기 위해서는 장소와 대상의 유인력이나 혹은 밝기의 영향을 극복해야만 한다. 이러한 실험을 통해 밝혀진 아이의 전형적인 반응은 먼저 아동은 적당한 대상에 대해 응시하고 그것을 향해

---

107) Luria(1981), p.91.
108) *Ibid.*, p.91.

나아간다는 것이다.

그러나 곧 아이의 관심은 다른 대상에 의해 혼란에 빠지게 된다. 예를 들어 적당한 대상에 도달하는 동안 아이는 더 가까이에 있는 대상을 만날 수 있고 더 빛나는 대상, 혹은 더 흥미 있어 보이는 대상을 만날 수 있다. 그러한 경우에 아이는 어른에 의해 지시된 품목보다는 물건을 선택한다. 이것은 이 단계에 있어서 아이는 어른의 언어 명령에 순종하기 시작하지만 명령을 수행하는 동안에 아동은 직접적인 지향반응을 불러일으키는 다른 대상에 의해 방해받는다는 것을 의미한다.

두 번째 실험 단계는 아이 앞에 술잔과 컵을 놓고 아이가 바라보는 동안에 술잔에다 동전을 떨어뜨리고 이를 찾도록 지시한다.[109] 이러한 놀이에 흥미를 느낀 아이는 술잔으로 다가와 동전을 집어 올리려고 아이 눈앞의 술잔 속에 떨어뜨려져 있는 동전을 찾기 시작한다. 만약 이러한 명령이 대여섯 번 반복된다면 아이는 언제나 적당하게 술잔을 향해 다가가는 반응을 한다. 그러나 만약 동전이 컵 속으로 떨어지고 아이가 "동전이 컵 속에 있어."라는 말을 듣는다면 아이는 술잔을 계속해서 찾는다. 비록 아이가 가르침을 이해했다 하더라도 이전 행위에 대한 습성이 너무 강해서 아이는 그것을 극복할 수 없다.[110]

---

109) *Ibid.*, p.91.
110) 두 가지 예가 여기에 인용될 수 있다. 첫 번째 장난감 피라미드를 쌓기 위하여 막대기 위에 링을 놓는 과제가 주어진 14-16개월의 조그마한 아동의 경우이다. 아동은 "링을 끼워라", 그리고 매번 링이 막대기 위에 끼워진다. 그런 다음 아동은 똑같은 목소리 크기로 "링을 빼."라는 소리를 듣는다. 이러한 실험을 통해 이 단계의 아동은 "링을 꽂아, 그리고 링을 빼."라는 말을 이해한다는 것을 안다. 그러나 만약 아이가 반복적으로 "링을 꽂아. 링을 꽂아."라는 말을 듣고 그런 다음 똑같은 크기의 목소리로 "링을 빼."라는 목소리를 듣는다면 그는 계속해서 링을 꽂고 가끔 그는 전에 했던 것보다 보다 더 정열적으로 그것을 수행한다. 비록 "링을 빼."라고 하는 명령이 큰 목소리로 주어진다고 하더라도 아이는 링을 꽂

이러한 현상은 18개월 된 아이에게까지 관찰된다. 그 후에 그것은 점차 사라지기 시작한다. 2년 반이 되어서야 아이들은 이전 행위의 습성을 극복할 수 있고 똑바로 명령을 수행할 수 있다. 이때까지 말의 규제적 영향은 아주 잘 확립된다. 그러나 그것의 발달은 아직 완성된 것은 아니다. 다음과 같은 실험을 통해 발달이 미완성임이 입증된다. 아이에게 지시적 행동을 수행하기 전에 10 내지 15초 동안 실험자는 아이의 손을 억제하도록 하고 똑같은 실험 절차를 진행한다. 이러한 방식으로 실험이 지연되었을 때 언어의 규제적 역할은 약화된다. 즉각적으로 행위하도록 허용될 때 명령을 수행할 수 있는 아이는 앞에서 언급한 아이의 습성을 다시 반복하는 것이다. 이러한 행동은 아이가 두 살이 끝나갈 때까지 나타난다. 그들은 비록 동전이 컵 속에 있고 거기에 떨어뜨려졌다는 것을 보았다 하더라도 술잔으로 계속해서 다가간다.

아이의 행동을 규제하는 언어의 역할을 증명하기 위해 루리아는 세 번째 실험을 진행한다. 이 경우에 전반적인 실험 장치나 절차는 앞의 것과 같다. 아이는 술잔이나 컵 속에 동전이 떨어지는 것을 볼 수가

기 전보다도 더 정열적으로 계속한다. 이것은 아동 자신의 행동에 대한 타성은 명령을 수행하는 데 방해가 된다는 것을 의미한다. 두 번째 경우는 아동 앞에 컵과 술잔을 놓는다. 아동이 바라보는 동안에 술잔에 주화를 떨어뜨린다. 그리고 실험자는 "자, 이리 와서 주화를 찾아 봐"라고 말한다. 이러한 게임에 아주 흥미를 갖는 아동은 술잔으로 다가가 주화를 집어 듦으로써 아동의 눈앞에서 술잔에 떨어졌던 주화를 찾기 시작한다. 아동은 어른의 명령에 아주 잘 수행할 수 있다. 만약 이러한 명령이 대여섯 번 계속된다면 아동은 언제나 술잔을 향해 다가가서 적절하게 반응한다. 그러나 만약 주화가 컵 속에 떨어지고 아동이 "자, 주화가 컵 속에 있어. 그것을 찾아 봐."라는 말을 듣는다면 그는 가끔 계속해서 술잔으로 다가간다. 비록 아동이 명령을 이해했다 하더라도, 이전 행동의 습성이 너무 강력해서 그는 그것을 극복할 수가 없다. *Ibid.*, pp.92-93.

없도록 물건을 스크린으로 가리고 아이 앞에 컵과 술잔을 놓는다. 그리고 "동전이 술잔 속에 있다. 그것을 찾아 봐라." 혹은 "동전이 컵 속에 있다. 그것을 찾아라."라는 언어적 명령을 한다. 여기서 아이는 더 이상 자기 자신의 경험에 의존할 수 없고 실험자의 언어에 의존해야만 한다.

이러한 실험을 통해 단지 언어적 명령에만 의존하게 되는 2 내지 2.5세 아동들에게서 실험 수행의 어려움이 관찰되었다. 그들의 실행은 지극히 불안정하다. 이때 이들의 행동은 두 대상(컵이나 술잔)으로 다가가거나 몇 차례 시도를 했다 하더라도 이전의 반응의 습성에 의해 압도당하고 만다. 먼저 즉각적으로 행동을 허용하게 될 때 그리고 나중에 약간 지연 후 그것을 실행하도록 요청받게 될 때 아이들이 이러한 순수한 언어적 명령에 순종할 수 있게 되기까지는 3세 정도는 되어야 한다. 따라서 어린아이는 처음에는 어른의 언어적 지시를 수행할 수 없고 능력의 발달 통로는 길고 복잡하며 그것은 3세 내지 4세 동안 성숙한다.

2) 내적 언어의 자기규제

개체 발생의 초기 단계에서 도덕적 행위를 포함한 자발적 행위는 아이의 행동이 어른의 명령에 종속되어 나타나는, 즉 어머니의 언어(외적 언어)로부터 시작한다. 이 단계는 개인 간 수준의 기능 위에서 수행된다. 따라서 아이의 이러한 초기의 기능은 어른의 언어적 명령에 순종하는 능력이다. 이러한 외적 언어에 의한 행동 규제의 단계는 변화를 겪는다. 외적 언어가 내면화되어 아이 스스로의 언어를 통해 자신의 행동을 규제하기 시작한다. 자기규제는 처음에 외적 언어를 통해 실현되고 이 언어는 점차 내면화되고 내적 언어로 바뀌게 된다. 이러한 과정을 겪으면서 자발적 행위가 가능하게 되고 더 이상 자기규제는 어른 언어에 의해 수행되는 것이 아니라 아이 자신에 의해 수행된다.

오랫동안 내적 언어는 관찰할 수 있는 운동적 요소가 없는 언어로서 이해되었다. 내적 언어는 외적 언어의 일반적 구조를 지니고 있는 자기 자신의 언어로 이해되지만 그것의 기능은 분명하지가 않았다. 그러나 이러한 가정은 비고츠키에 의해 근본적인 변화를 겪는다. 비고츠키의 잘 알려진 실험은 3세-5세 된 아이에게 그림을 추적하는 간단한 과제를 주고 아동이 과제를 수행하는 동안 실험자는 살며시 어떤 장애물을 제공한다. 예컨대 실험자는 아이가 그림의 개요를 추적하는 종이를 고정하는 압정을 제거하거나 사용 중에 부러질 수 있는 연필을 아이에게 제공한다. 그러면 아이는 자신이 과제를 해결하는 데 방해가 되는 어려움에 직면하게 된다.

여기에서 비고츠키의 주요한 관찰은 아이가 이러한 장면에서 그러한 장애물을 만나게 될 때 아이들은 문제를 해결하려는 어떤 시도를 할 것이고 그런 다음에 이러한 시도를 언어 영역으로 옮길 것이라는 점이다. 즉 그들은 말하기 시작하지만 그 언어는 어떤 사람에게 이야기하는 것은 아니다.

66

무엇이 자기중심적 언어의 원인이 되고 어떤 환경이 그것을 유발하는지를 결정하기 위해 우리는 피아제가 했던 동일한 방식으로 아동 활동을 조직하였다. 그리고 우리는 아이에게 일련의 좌절과 어려움에 봉착하게 하였다. 예를 들어 아이가 그림 그리기 준비를 했을 때 그는 갑자기 종이가 없다든가, 종이나 연필 그리고 그가 필요로 하는 크레파스가 없다는 것을 발견하곤 했다. 즉 그의 자유로운 활동을 방해함으로써 우리는 아이가 문제에 직면하도록 만들

었다. 우리는 이러한 어려운 상황에서 자기중심적 언어의 빈도가 거의 두 배로 증가됨을 알았다.[111]

"

아이는 방에 다른 사람이 없을 때에도 계속해서 이야기한다. 간혹 아이는 실험자에게 도움을 요청하기도 한다. 가끔 그들은 그 상황을 큰 소리로 말함으로써 그들에게 직면한 어려움을 표현하거나 그들 스스로에게 어떻게 그 문제를 해결할 것인지를 묻는다. 이 상황에서 아이의 전형적인 발화는 "어떻게 할까?", "이것 봐. 종이가 미끄러지잖아.", "과제가 끝났어.", "연필이 부러졌어.", "내가 종이를 어떻게 고정할 수 있을까?", "내가 연필을 어디서 구할 수 있을까?" 등이다.

이때 아이들은 먼저 장면을 기술하고 어려움을 진술한다. 그런 다음에 그들은 가능한 해결책을 계획하기 시작한다. 그들은 자신들의 상상을 실행하기 시작하고 그들의 실천 수준에서는 해결할 수 없는 그런 언어의 수준에서의 문제와 싸우기 시작한다. 이러한 말들은 다른 어떤 누구에게도 말을 걸지 않는 언어로서 혼자 하는 말이다. 이러한 언어 유형은 비고츠키 이전에도 인식되었다. 가장 중요한 예가 자기중심적 언어―즉 타인과 대화하지 않는 언어―에 대한 피아제의 설명에서 발견된다. 그러한 언어는 의사소통적 기능을 갖지 않고 화자 스스로에게 말을 건다.

우선 이러한 언어는 매우 확장된 형태로 나타난다. 개체 발생의 다음 단계 동안에 이러한 언어는 점차 축약되고 최종적으로는 속삭이는 언어로 변한다. 그리고 아동들은 머뭇거리면서 자신들이 스스로 발견한 어려운 상황들을 서술한다. 다음 단계에서 외적 언어는 사라진다. 외적 언어가 내적인 것으로 변하고 축약되고 내면화되고 내적 언어라 불리는 것으로 전환된다.

---

111) Vygotsky(1962), p.16.

> 얻어진 결과들은 자기중심적 언어가 소리언어에서 내적 언어로 발
> 전하는 과도기라는 가정을 강력히 시사한다. …… 독자적 언어 형태
> 로서의 사적 언어는 음성언어로부터 내적 언어로의 전이이고 매우
> 중요한 발생적 연계이며 소리언어의 기능 분화와 내적 언어로의 최
> 종적 변형 사이에 존재하는 중간 단계이다. 사적 언어가 이렇게 이
> 론적으로 큰 관심을 끄는 것은 바로 이 전이 역할 때문이다.112)

이러한 비고츠키의 주장은 다른 연구에 의해 발전된다. 소콜로프의
매우 중요한 연구가 그것들 중 하나이다. 이 실험은 자기중심적 언어
가 단순히 사라진 것이 아니라 관찰할 수 있는 내적 언어로 변했다는
것을 보여준다. 자기중심적 언어에 관한 피아제의 설명에 의하면 어려
서 아동은 바깥 세계와 접촉하지 않고 스스로 살아가는 작은 은둔자,
즉 자폐적 인간이다. 이것이 왜 어린 아동들의 언어가 자폐적이고 자
기중심적인가 하는 이유이다. 자기중심적 언어는 다른 어느 누구에게
도 말을 않는 언어이다. 피아제에 있어서 아이의 행동은 점차 사회화
된다. 이러한 과정에서 행동과 언어도 사회화된다. 그 결과 언어는 점
차 의사소통의 수단이 된다는 것이다. 이러한 가정으로부터 나아가 피
아제는 자기중심적 언어가 아이의 자폐성 혹은 자기중심성의 반영이
라고 생각했고 아동 행동의 사회화 결과로써 자기중심적 언어가 사라
진다고 보았다.

> 그는 자기중심적 언어가 단순히 소멸되었다고 믿는다. 그 연구에
> 서 아동의 내적 언어발달은 구체적인 조명을 거의 받지 못했었다.
> 그러나 내적 언어와 음성화된 자기중심적 언어는 똑같은 기능을
> 수행하기 때문에 피아제가 주장했듯이 만약 자기중심적 언어가 사
> 회화된 언어로 나아간다면 내적 언어 역시 사회화된 언어로 나아

---

112) Vygotsky(1962), pp.17-19.

> 가야 한다는 것이 여기에서의 함의이다. 그런데 그것은 발생학적
> 견해에서는 유지될 수 없는 가정이다.[113]

비고츠키는 아동발달의 초기 단계가 자폐적이라는 가정에 반대하면서 아주 대조적인 가설을 이끌어 낸다. 그에 의하면 아이는 사회적 존재로부터 시작된다. 태아기 때 그들은 어머니와 육체적으로 관련되고 태어난 후 그러한 결속은 수유를 통해 생물학적인 것으로 지속된다. 그러나 그것은 사회적인 결속이기도 하다. 어머니의 명령에 대한 아이의 실천과 아이에게로 향한 어머니 언어 속에 반영된 이러한 사회적 관계는 시작부터 개체 발생적이다. 아이는 시작부터 다른 사람과 의사소통을 하고 문제를 해결하는 사회적 언어를 사용한다. 그들은 어른에게 말을 걸고 그들에게 도움을 요청한다. 그들이 도움을 받지 못하는 경우에 그들은 언어를 통해 스스로 상황을 분석하기 시작한다. 결국 언어의 도움으로 그들은 자신의 행위를 계획하기 시작한다는 것이다.

비고츠키에 의하면 언어는 지적인 기능뿐만 아니라 행동 규제 기능을 갖는다. 이것이 자기중심적 언어가 점차 축약되고 궁극적으로는 내적 언어화되는 이유이다. 피아제의 주장처럼 발달은 자폐적 언어의 소멸이나 해체가 아니라 오히려 정신 활동의 새로운 유형의 형태를 반영한다. 따라서 내적 언어는 모든 분석적 계획 그리고 외적 언어에서 발견된 규제적 기능을 포함한다.

이러한 분석은 자발적 행위의 기원과 내적 구조에 관한 중요한 단서를 제공한다. 즉 자발적 행위는 처음에 정신적 행위가 아니고 단순한 습관도 아니다. 오히려 그것은 언어에 의해서 중재된다는 사실이다. 또한 내적 언어의 구조는 외적 언어의 구조와는 다르다는 점이다.

---

113) E. N. Sokolov, *Inner speech and thought*, New York: Plenum, 1972, p.18, in Luria(1981), p.105.

66

초기에 자기중심적 언어는 구조에 있어서 사회적 언어와 동일하다. 그러나 내적 언어로의 전이 과정에서 그것은 거의 완전하게 술어적 구문에 의해 지배되듯이, 그것은 점차 완전하지 못하고 일관적이지 않게 된다. …… 아동은 주어진 순간에 그가 듣고 보고 행하는 것에 대해 이야기한다. 그 결과 아동은 주어(즉 그 자신)를 생략하는 경향이 있고 단지 술어만을 남길 때까지 점점 더 그의 언어를 축약하면서 모든 말은 그것과 관련된다. 자기중심적 언어의 구체적인 기능이 점점 더 차별화되면 될수록 그것의 구문론적 특성－단순화와 술어화－은 점점 더 명백해진다. 더불어 이러한 변화는 의성화를 감소한다. 우리가 스스로 대화할 때 말이 거의 필요 없게 된다. …… 내적 언어는 거의 말이 없는 언어이다.114)

99

이러한 언어의 구조는 내적 언어로 점진적으로 바뀌는 과정을 연구함으로써 추적될 수 있다. 비고츠키는 아이들이 어려움에 직면하는 장면에서 아이의 발화하는 언어를 분석한다. 처음 아이들의 언어는 완전한 형태의 문장으로 표현된다. 예컨대 "종이가 미끄러지고 있어.", "그것이 미끄러지지 않게 하려면 어떻게 할 수 있을까?", "내가 압정을 어디서 구할 수 있을까?", "종이가 미끄러지지 않도록 종이에 침을 발라서 젖게 하면 어떨까?"와 같이 표출된다. 그러다가 언어는 점차 기본적인 변화를 겪으면서 축약되고 파편화된다. "종이가 …… 그것이 미끄러지고 있어. …… 내가 무엇을 할 수 있을까? …… 내가 어디서 압정을 구할 수 있을까?"로 축약되다가 나중에 이러한 언어는 '종이', '압정', '내가 어떻게 할 수 있을까?'로 점점 더 축약된다는 것이다.

외적 언어에서 내적 언어로 전이될 때 언어의 구조를 주의 깊게 살펴보면 두 가지 변화가 동시에 관찰된다. 하나는 언어가 속삭이는 청

---

114) Vygotsky(1962), p.145.

각적인 것으로부터 내적 언어로 발전하고 다른 하나는 언어가 축약되어 압축적인 언어로 변한다는 것이다. 이러한 두 성향은 내적 언어가 외적 언어와는 아주 다른 구조를 지니고 있다는 것을 의미한다.

내적 언어는 주어 없이 작용하고 수행될 수 있는 것을 단순히 지적하고 행위의 방향이 무엇이어야 하는지를 나타낸다. 그러므로 내적 언어는 축약되고 구조에 있어서 무정형인 반면에 언제나 그것의 술어적 기능은 보존된다. 내적 언어의 기원이 외적 언어이기 때문에 다음 행동을 계획하고 다음에 말할 것을 계획하는 술어적 형태로 확대하는 것이 가능하다. 따라서 내적 언어는 외적 언어로 변형될 수 있다.

요약하면 비고츠키에 의하면 자기규제의 메카니즘은 언어이며 그 발달은 사회적 언어에서 내적 언어로 발달한다. 이러한 그의 주장은 두 가지 의미를 함축한다. 하나는 자기규제의 메카니즘이 언어라는 말은 자기규제는 언어를 기제로 형성된다는 것이다. 언어에 의해 행동이 규제될 수 있다는 말은 언어에 인지적 기능이 있다는 것을 의미한다.

워치는 내적 언어의 규제적 기능을 규명하기 위해 차폐의 사회적 언어의 '기존의 지식'과 '새로운 지식'에 관한 구문론적 분석을 원용한다. 그에 의하면 기존의 지식은 발화과정에서 생략되거나 축약되고 대명사화되고 약화된다. 반면에 새로운 지식은 강하게 발화되고 높은 지위를 부여받는다는 것을 밝힌다. 이러한 사실은 사적 언어 현상에도 그대로 적용된다. 비고츠키는 이러한 차폐의 구문론을 심리적 주어(기존의 지식)와 심리적 술어(새로운 지식)로 대치한다. 이러한 차폐와 비고츠키의 구문론 연구를 토대로 사적 언어를 분석한다. 그리고 워치는 청자, 화자가 동일한 사람 내에서 일어나는 의식을 설명하기 위해 소비에트 활동 이론을 끌어들인다. 소비에트 활동 이론은 행위를 목표와 관련된 의식적 행동으로 본다.

워치는 이러한 차폐의 연구를 토대로 사적 언어를 분석한다. 그런데 차폐의 연구는 사회적 언어의 분석으로서 청자와 화자가 존재하지만 사적 언어는 대상이 없는 자신과의 대화이다. 사적 언어의 경우에 주어진 지식은 발화의 순간에 화자의 의식 속에 있는 지식이고 새로운 지식이란 화자의 의식으로 도입되는 지식이다. 따라서 사적 언어의 발화는 진행하는 행위에 대한 설명으로써 행동의 목표를 함축한다. 따라서 사적 언어의 발화는 목표 주도적 행위를 수행하는 과정을 나타내는 것으로써 사적 언어는 행위자의 행동에 대한 계획, 규제적 기능을 갖는 인지적 특성을 갖는다는 것이다.

그에 의하면 내적 언어는 사회적 언어로부터 나오지만 인지적 기능을 가지고 있다는 것이다. 내적 언어가 사회적 언어의 발달된 형태로서 단지 음성만 사라진 형태의 것이라면 자발적 행위를 위한 인지적 요소를 포함할 수 없다. 따라서 언어에 의해 자신의 행동을 스스로 계획하고 규제해 나가기 위해서는 내적 언어는 외적 언어와는 다른 특성을 가져야 한다는 것이다. 따라서 비고츠키의 언어적 자기규제는 사회적 언어의 단순한 내면화 과정이라기보다는 점유의 과정이다.

이러한 비고츠키의 입장에 따르면 언어적 자기규제의 발달과 관련하여 세 단계로 정리될 수 있다. 첫 번째 단계는 어른 언어에 의해 훈련되고 두 번째 단계는 피험자 자신이 발산하는 말의 충동적인 측면의 도움으로 통제가 전수되며 마지막으로 피험자의 모든 언어적 특성, 특히 언어의 의미론적 측면이 그의 행동을 규제한다. 첫 번째 단계는 사회적 언어에 의한 외적인 자기규제의 단계이며 두 번째 단계는 사적 언어에 의한 자기규제의 단계이며 마지막은 내적 언어에 의한 자기규제의 단계이다. 이제 이러한 비고츠키의 언어적 자기규제가 도덕교육에 주는 함의를 살펴보자.

V 비고츠키주의자의 언어적 자기규제론의 도덕교육적 함의

비고츠키에 의하면 언어적 자기규제는 자기규제의 뿌리를 사회문화에 두고 있고 개인 간 정신기능이 어른이나 또래와의 언어적 상호 작용을 통해 개인 내로 규제적 기능이 내면화된다. 이러한 그의 언어적 자기규제론은 보는 관점에 따라 도덕교육과 관련하여 다양하게 해석될 수 있다. 예를 들어 비고츠키의 사회문화적 관점은 덕목교육의 중요성과 관련될 수 있으며 그의 인식론적인 사회 구성주의적 관점은 자율적 도덕성과 관련될 수 있다.

그리고 자기규제가 형성되는 과정에 대한 이해는 도덕성의 한 측면으로서 도덕성이 형성되는 과정에 대한 이해를 도모할 수 있다. 또한 자기규제가 형성되는 지점인 근접발달 영역은 덕목교육을 강조하는 도덕사회화적 접근과 합리적 자율성을 중시하는 도덕발달적 접근과의 조화를 고려할 수 있다. 이러한 관점을 토대로 언어적 자기규제론이 도덕교육에 주는 시사점을 고찰하고자 한다.

먼저 그의 사회문화적 관점과 자기규제 형성 과정이 도덕교육에 주는 시사점을 탐색하고자 한다. 이를 위해 도덕의 기원으로서 사회 문화와 도덕교육과의 관련성을 고찰한 후 자기규제가 형성되는 과정에 대한 비고츠키의 주장으로부터 도덕교육에 시사하는 바를 고찰하기로 한다. 그는 도덕의 기원을 인간의 이성으로부터 구하기보다는 사회문화적 관점으로부터 찾는다. 이러한 관점은 덕목교육의 이론적 기초를 보완하는 데 기여할 수 있을 것이다. 또한 자기규제가 형성되고 발달되는 과정을 고찰하는 것은 도덕성이 어떻게 형성되느냐 하는 것을 추적하는 데 도움을 준다.

다음으로 그의 언어적 자기규제론은 사회적 구성주의와 맥을 같이 함을 밝히려 한다. 이러한 사회적 구성주의적 관점으로부터 도덕과 교육에의 시사점을 찾고자 한다. 이를 위해 사회적 구성주의에 관해 살펴보고 이것이 도덕교육에 주는 의미를 고찰한다. 사회문화적 관점에 기초하여 자기규제가 형성되는 과정에 관한 그의 인식론적인 설명은 궁극적으로는 개인이 지식을 구성하는 것으로써 사회적 구성주의와 관련되며 사회문화를 지식구성의 원천으로 간주하는 것은 사회적 구성주의적 관점의 입장에 있는 것이다. 이러한 사회적 구성주의적 관점은 학습자들로 하여금 어른이나 또래와의 언어적 상호 작용을 통해 능동적으로 자신의 지식을 구성한다는 점에서 도덕과 교육에 시사하는 바가 적지 않다.

마지막으로 자기규제가 형성되는 지점으로써 근접발달 영역을 고찰하고 근접발달 영역이 도덕과 교육에 주는 도덕교육적 함의를 살펴보고자 한다. 특히 근접발달 영역에서의 도덕교육이 도덕사회화와 도덕발달의 조화를 모색할 수 있음을 탐색하기로 한다. 이를 위해 근접발달 영역에서 점유의 개념으로서 도덕적 지식을 고찰하고 코프의 자기통제와 자기규제의 개념적 구분을 통해 자기통제적 단계는 도덕사회화 측면과 자기규제적 단계는 도덕발달의 측면과 관련됨을 이해함으로써 도덕사회화와 도덕발달의 조화 가능성을 모색한다.

1. 사회문화적 관점과 도덕교육

　오늘날 도덕교육은 덕목교육을 중시한다. 덕목교육은 도덕교육의 내용으로서 덕목을 강조하며 행위의 원칙보다는 인격의 형성에 관심을 두기 때문에 덕목주의적 접근은 삶의 형식과 전통에 내재된 가치를 적극적으로 수용하는 특징을 지닌다. 덕목교육은 사회공동체나 역사적 전통을 중시하는 교육으로서 비고츠키의 사회문화적 관점과 맥락을 같이한다. 이러한 점에서 그의 사회문화적 관점은 덕목교육의 이론적 토대를 공고히 하는 데 도움을 줄 수 있다. 또한 자기규제가 형성되는 과정에 대한 비고츠키의 해명은 자제의 도덕성이 어떻게 형성되는가를 이해하는 데 많은 도움을 준다. 비고츠키의 자기규제가 형성되는 메카니즘은 도덕교육에 어떤 시사점을 제공하는지 알아보자.

1) 도덕의 기원으로서 사회·문화

　도덕교육에서 도덕의 기원에 관한 문제는 매우 중요하다. 도덕의 궁극적 기반을 개인의 자율적 이성에 두느냐 아니면 사회에 그 기원을 두느냐에 따라 도덕성의 개념과 도덕성 함양의 방법은 달라진다. 도덕과 교육은 도덕의 기원을 사회에 두고 규범의 습관적 실천을 중시하는 도덕사회화 접근과 도덕의 기원을 개인의 이성에 두고 합리적인 가치판단 능력으로 도덕의 의미를 파악하는 자율론적 접근으로 대별할 수 있다.115)

---

115) 일반적으로 도덕과 교육에서 도덕교육의 접근 방법을 '내용과 형식' 혹은 '습관과 이성' 등의 이원적 관점으로 파악한다(남궁달화, 『도덕교육론』, 철학과 현실사, 1996, pp.342-348 참조). 내용이나 습관의 도덕교육에서는 주로 덕목이나 주제 중심의 도덕교육을 중시하고 이성이나 형식 중심의

도덕이 인간 밖에 존재하는 그 무엇이라면 도덕교육은 학습자에게 그것을 내면화하고 습관화하도록 하는 데 관심을 둘 것이고 도덕이 인간 내부에 존재하는 것이라면 도덕교육은 인간 내부에서 작동하는 차원 높은 도덕원리를 함양하는 데 관심을 두게 될 것이다. 사회문화적 관점은 도덕성을 자연적으로 나타나는 보편적인 개념이 아니라 말, 언어 그리고 사회문화적으로 구체화된 담론에 의존하는 구체적인 사회적, 문화적, 역사적 맥락에서 일어나는 사회적 상호 작용이나 사회적인 의사소통의 결과로써 이해되어야만 한다는 입장이다.

비고츠키 주장의 핵심은 도덕성의 근원인 인간의 고등정신기능이 의사소통적 과정과 사회적 활동에 그 기원을 둔다는 것이다. 그는 고등정신기능, 즉 자기규제(도덕성)의 근원을 사회 혹은 공동체에 두고 있음을 주목할 필요가 있다.

"

고등 형태로 있는 내적인 모든 것은 필연적으로 외적이었다. 즉 현재 자신에게 존재하는 것은 남에게 존재했던 것이다. 어떤 고등정신기능도 반드시 그것의 발달 과정에는 외적인 단계를 거쳐 진행한다. 왜냐하면 고등정신기능도 일차적으로 사회적 기능의 소산

도덕교육은 개인의 합리적인 가치판단 능력을 중시한다. 그런데 전자의 덕목이나 주제 중심의 내용의 도덕교육의 관심은 도덕사회화를 지향하는 것이며 이성이나 형식 중심의 도덕교육은 자율적인 가치판단 능력에 초점을 두고 있다(박병기, 추병완, 『윤리학과 도덕교육』, 인간사랑, 1996, 제2장 참조). 도덕교육은 전통적인 가치전수로서의 사회화 접근 또는 자율적 판단과 선택 능력의 배양이라는 합리적 접근 두 가지 접근으로 이루어진다. 최근에는 전자의 접근이 인격교육이라는 이름으로 유행하고 있다(박재주, 『서양의 도덕교육사상』, 청계, 2003, p.293.). 이러한 맥락에서 본고에서는 도덕과 교육의 접근을 도덕사회화와 자율론적 접근으로 나누고자 한다. 그리고 이러한 도덕교육의 접근방식의 구별은 궁극적으로 비고츠키의 사상을 도덕교육적 함의와 관련지어 용이하게 파악하도록 하는 데 있다.

이기 때문이다. 이것이 내적인 행동과 외적인 행동의 핵심적인 문제이다. …… 우리가 어떤 과정을 말할 때 외적이라는 것은 사회적이라는 의미이다. 어떠한 고등정신도 외적인 것에 기원을 둔다. 왜냐하면 고등정신이 온전한 내적 정신기능으로 되기 전에 어떤 시점에서 그것은 사회적이었기 때문이다.[116]

99

 비고츠키는 피아제와 달리 사고발달의 진정한 방향은 개인으로부터 사회로가 아니라 사회로부터 개인으로 진행한다고 주장한다. 따라서 그의 이론에서 말, 언어 그리고 담화의 형태는 중요하다. 왜냐하면 그것들은 사회적 과정, 사회적 활동 그리고 사회적 상호 교환을 특징으로 하는 의사소통, 협동, 상호 작용에 필요한 의미론적 체계를 구성하기 때문이다. 개인 내적 활동의 내면화 과정은 개인 간 활동이 토대가 된다.

 비고츠키 관점에서 도덕발달은 의미론적으로 그리고 언어적으로 중재된 사회적 관계에 대한 내면화를 수반해야만 한다. 사람들 사이의 외적 언어가 사람들 내에 내적 언어가 되듯이 그리고 외적인 대화가 침묵적인 내적 대화가 되듯이 아동들은 사회 규칙이나 행동의 기준에 관해 어렸을 때 가장 먼저 부모님이나 할머니, 할아버지, 보모 그리고 나이가 많은 형제로부터 배우기 시작한다. 즉 이것은 도덕성이 사회적 기원, 사회 공동체의 영향을 받는다는 의미이다. 더욱이 이러한 학습은 어른과 아동들이 '옳고 그름, 좋고 나쁨, 해야 할 것과 하지 말아야 할 것'에 관해 대화나 의사소통적 상호 작용의 맥락에서 일어난다는 것을 의미한다. 따라서 우리는 어린아이의 행동 기준이나 규칙, 즉 도덕규범이 수년 동안 이러한 어른과의 상호 작용의 결과로서 이루어진다는 것을 알 수 있다.

---

116) Vygotsky(1981a), p.162.

비고츠키적 관점은 도덕적 기능을 유발하는 심리적 기능의 여러 유형이 말, 언어, 그리고 담화 형태에 의해 매개된다고 보기 때문에 도덕발달은 반드시 사회적, 문화적, 역사적 그리고 제도적 힘에 의해 형성될 수밖에 없다. 따라서 어린 아동이 그의 행동이 '옳다, 그르다, 좋다, 나쁘다'고 사용하는 말들은 구체적인 사회적, 문화적, 언어적 환경의 소산이라고 볼 수 있다. 그러므로 부모나 아동이 준거나 위반으로 사용하는 상호 작용이나 대화의 유형은 언제나 문화 역사적으로 결정된다.

이처럼 비고츠키 관점의 요지는 인간의 정신기능과 그것이 나타나는 사회, 문화, 역사적 맥락 사이의 기본적인 관계 파악이다. 이러한 관점에서 사고의 발달은 언어, 즉 아동의 사회문화적 경험에 의해 그리고 사고의 언어적 도구에 의해 결정된다. 언어적 사고가 행동의 자연적, 본래적인 행동 유형이 아니라, 역사 문화적 과정에 의해 결정된다. 초기 아동기의 언어적 사고는 발달의 본질에 있어 자연적 생물학적인 것에서부터 사회문화적인 것에로의 극적인 변화를 겪는다.

66

정신기능에 대한 보다 더 포괄적인 사회문화적 접근을 형성하기 위하여 사람들은 역사적, 문화적 그리고 제도적으로 위치한 중재된 (정신 간) 행위의 유형을 밝혀야 하고 어떻게 그것들의 숙달이 정신 내적 수준 위에서 중재된 특별한 행동 유형을 이끄는지 구체화해야 한다. 이것이 현저하게 정신 간 수준 위에서 중재된 행위의 사회문화적 뿌리(기원)를 가져오게 하는 비고츠키의 생각을 확대하는 것이 된다. 한편으로는 문화적, 역사적 그리고 제도적 장치와 다른 한편으로는 개인의 정신적 기능 사이의 근본적인 연결을 제공하는 것은 중재된 행위의 사회문화적 위치이다.[117]

99

---

117) J. V. Wertsch, *Voice of the mind: A sociocultural approach to mediated action*, Cambridge, MA: Harvard Univ. Press, 1991, p.48.

이러한 비고츠키 관점이 도덕교육과 관련하여 함의하는 바는 도덕의 기원을 사회문화에 둔다는 것이다. 도덕기능의 기원에 관해 비고츠키는 분명히 개체 발생에서 중심 역할을 하는 자연과 문화를 고려하면서 사회문화적 가치에 관심을 둔다. 이것은 도덕교육의 중요한 내용이 사회문화적 가치임을 함축한다.

학습 기제로서 사회적 과정의 역할은 비고츠키에 의해 해명되었다. 비고츠키는 "의식의 사회적 차원은 시기와 사실이 기본"이며 "의식의 개인적 차원은 파생적이며 이차적이다."라고 주장한다."[118] 비고츠키의 이러한 관점은 개인의 정신기능이 단순히 사회적 상호 작용으로부터 파생된 것이라기보다는 개인에 의해 드러난 특별한 구조와 과정은 타인과의 상호 작용을 통해 추적될 수 있다는 것이다.

이러한 관점에 의하면 학습자들은 폭넓은 공동 활동에 참여하여 공동 활동의 결과를 내면화함으로써 그들은 세계와 문화에 대한 새로운 지식과 전략을 습득한다. 전형적으로 이러한 관점은 개인의 서로 다른 지식수준(예를 들어 아동과 어른 혹은 전문가) 간에 상호 작용을 검토함으로써 설명된다.

아동들은 상호 작용을 통해 사회문화에 숙련된 활동을 가진 어른이나 또래와 함께 참여하거나 관찰할 수많은 기회를 갖는다. 다양하고 반복된 경험을 통해 아동들은 사회의 구체적인 인지 활동에서 숙련된 실천가가 된다.

이러한 주장은 콥(Cobb) 등에 의해 사회문화적 관점을 '지적 모델의 전이'라고 비판하게 하는 빌미를 제공한다.[119] 그러나 이러한 비판은 사회문화 연구자들에 의해 기술된 내면화의 본질에 대한 잘못된

---

118) Vygotsky(1978), p.30, cited in Wertsch & Bivens(1992).
119) Palincsar(2005), p.289, cited in Cobb et al.(1993).

해석에서 비롯되었다고 반박한다. 레온테프는 "내면화 과정은 외적 활동이 단지 기존에 존재하는 내적인 의식의 단계로 전이되는 것이 아니다"라고 주장한다. 즉 내면화는 이러한 단계가 변형되는 과정이라는 것이다.[120] 이 시기에는 학습이란 내적 과정을 외적인 과정과 발달로 간주하였다. 그러나 비고츠키는 학습과 발달의 상호 의존성과 통합에 관심을 두었다. 그는 성숙을 학습의 결과가 아니라 전제 조건으로 간주한 피아제의 견해에 비판적이었다.[121] 비고츠키는 이와는 대조적으로 다음과 같이 주장한다.[122]

> 66
>
> 학습은 아동이 환경 혹은 또래와의 상호 작용이 일어날 때만 작동될 수 있는 다양한 내적 발달 과정으로 일어난다. …… 학습은 발달이 아니다. 그러나 적절하게 조직화된 학습은 정신발달로 이끌고 학습과 분리할 수 없는 다양한 발달 과정을 시작한다. 따라서 문화적으로 조직화된 특히 인간 심리기능 발달 과정의 필수적이고 보편적인 측면이다.
>
> 99

그리고 개인은 이러한 사회문화적 가치를 사회 속에서 사람들과의 상호 작용을 통해 내면화함으로써 도덕적 기능을 획득하게 된다는 것이다. 이러한 비고츠키의 사회문화적 관점은 덕목교육의 이론적 토대를 보완하는 데 도움을 줄 수 있을 것이다.

2) 언어적 자기규제와 도덕교육

도덕적 삶이란 내 자신의 삶만을 고려하는 것이 아닌 다른 사람의

---

120) Wertsch et al(1985), p.163.
121) Vygotsky(1978), p.80.
122) *Ibid.*, p.90.

삶도 고려하는 절제된 삶이다. 그것은 도덕적 준거에 따라 자신의 이 기적 욕망을 절제하고 조절하는 삶이다. 따라서 도덕적 삶은 자기규제 적 삶을 전제로 한다. 자기규제란 문제를 스스로 해결하고 자신의 행 동을 통제하고 평가하는 행위이다. 그러므로 도덕적으로 자신의 행동 을 규제할 수 있다는 말은 자신에게 외적인 규범이 내면화되고 내적인 도덕원리로써 자신의 행위를 스스로 규율해 나갈 수 있는 능력이다.

이러한 점에서 자기규제는 도덕적 행위와 불가분의 관계에 있다. 도 덕적 행위란 도덕규범이나 규제의 원리에 합치되는 행위로써 자신의 행위를 도덕적 준거로 규제할 수 있을 때 가능하다. 이러한 도덕적 행 위를 위해 인간에게 요구되는 것은 자신의 이익이나 만족을 억제하고 통제하는 능력이다. 사려 깊지 못한 충동적인 자기중심적 행동은 자기 통제 능력의 결핍에 기인한다. 따라서 자기규제는 도덕적 행위를 가능 케 하는 데 있어서 매우 중요하다.

도덕적 행위는 충동적인 행위가 아닌 숙고의 과정을 통해 규제되는 행위이다. 어떤 행위를 할 때 도덕적 관점에서 자신의 행위를 계획하 고 이러한 계획에 의해 규제되는 행위가 곧 도덕적 행위이다. 이렇게 볼 때 도덕적 행위는 자신의 행위를 도덕적 관점의 준거로서 규제할 수 있을 때 가능하다. 따라서 자기규제의 핵심적 준거는 행동을 규제 하는 원리로서의 도덕이며 자기규제는 도덕교육적 결과의 산물이다.

이렇게 볼 때 자기규제는 도덕성의 기본 요건이나 본질이다. 외적 규범의 내면화 과정은 도덕사회화에서 주장하는 도덕성과 관련되고 내적인 도덕원리의 자율적인 형성은 인지 도덕발달론과 관련된다. 반 두라가 인간의 규제 능력, 즉 자제를 도덕성으로 보는 것은 이러한 관 점을 반영한 것이라 볼 수 있다.

> 반두라의 입장에서 도덕교육을 한다면 도덕성은 자제가 되고 도덕교육의 목적은 자제력을 길러주는 것이 된다. 반두라는 비도덕적 행위가 유혹, 충동, 자기 합리화 등에 의해 생겨난다고 하였다. 즉 유혹을 거부할 수 없어서, 충동을 억제할 수 없어서 그리고 사려 깊은 사람들의 노련한 자기 합리화에 의해 발생한다는 것이다.[123]

프로이드가 말하는 도덕성 역시 행동 통제 능력으로서 초자아(super ego), 즉 양심 형성을 강조한다.

> 초자아는 부모의 영향에 의해 내면화되는 매체이다. 그것은 인성 발달 과정에서 개인의 내적 세계의 일부가 되는 사회의 준거와 도덕을 나타낸다. …… 초자아는 간접적으로는 사회 그리고 부모의 내면화된 준거와 일치되는 양심, 즉 좋고 나쁜, 옳고 그른 판단이다. 그것은 이상을 나타낸다. 이드는 쾌락을 추구하고 자아는 현실을 검증하고 초자아는 완전을 추구한다. 프로이드에 있어서 초자아는 자기통제의 유형을 부모 통제의 내면화와 관련시킨다.[124]

이러한 관점에서 도덕교육을 통해 도덕성을 함양한다는 말은 자기규제 능력을 함양한다는 말과 다르지 않으며 자기규제가 형성되는 메카니즘을 밝히는 일은 도덕성 함양을 목표로 하는 도덕교육의 핵심적인 과제라고 볼 수 있을 것이다. 따라서 자기규제가 형성되는 과정을 밝히는 일은 도덕성의 형성을 규명하는 일과 매우 밀접한 관련이 있으며 또한 그 과정의 발달 과정을 이해하는 일은 도덕성의 발달 과정을 이해하는 것과 관련된다. 그러므로 이러한 도덕성 발달 과정의 이해는 덕목론적

123) 송석재, 앞의 논문, p.168.
124) Mischel(1971), p.26.

접근에서의 도덕발달의 약점을 보완하는 데 도움을 준다.

앞서 고찰했듯이 비고츠키는 동물과 달리 인간만이 지니는 고등정신의 특성을 자기규제로 간주하고 고등정신기능의 핵심적 속성은 자발적 행위라는 것이다. 이러한 자발적 행위가 형성되는 과정이 곧 자기규제가 형성되는 과정이다. 자발적 행위란 자기 행위를 스스로 계획하고 조직하는 행위이다. 비고츠키는 언어를 통해 인간의 자발적 행위를 설명한다. 자발적 행위는 처음에 부모와의 관계 특히 엄마와 아이 사이에서 형성된다고 본다. 자발적 행위는 아이가 말하는 것을 배우고 스스로에게 언어적 명령이 주어지기 시작할 때 가능하다. 따라서 자발적 행위는 처음에는 명백한 언어의 형태에서 외적으로 나타나고 나중에 내적 언어를 통해 내면에서 나타난다.

다시 말해서 어린아이의 경우에는 어른의 비언어적 지시에 의한 통제가 이루어지다가 얼마간 지난 후에는 자신의 사적 언어에 의해 행동이 통제되고 그 다음 단계에서는 자신의 내적 언어에 의해 행위가 통제된다는 것이다. 이러한 관점에서 자발적 행위의 근원은 어른과 아이의 의사소통이다. 즉 아이는 먼저 어른의 발화된 언어적 명령에 순종하고 발달 과정을 거치면서 아이는 이러한 개인 간 심리 활동이 자기 자신의 개인 내적 활동으로 변형된다는 것이다. 부모와의 사이에 존재했던 외적인 통제기능이 내적 언어를 통해 스스로에게 규제하는 명령으로 전환되는 것이다.

이처럼 비고츠키에 있어서 언어적 자기규제의 형성은 사회문화적 영향하에 있으며 어른 혹은 또래 집단의 사회적 상호 작용을 통해 개인 간에 존재했던 자기규제 기능은 개인 내 정신기능으로 전환되는 것이다. 그리고 그 중재적 역할은 언어이다. 반두라는 인간이 행위를 자제하는 과정을 3단계, 즉 행동에 대한 자기관찰, 판단 과정, 자기반

응 과정으로 나누어 설명한다.[125]

그러나 비고츠키는 자기규제의 메카니즘을 언어로 본다. 그는 자기 규제가 형성되는 과정을 언어를 통해 해명한다. 다시 말해서 언어체계의 일부 요소가 행동을 계획하고 통제하며 그리고 행동을 구조화하고 조직하며 감독한다는 것이다. 그에 있어서 자기규제는 언어에 의해 개인 간 국면에 존재하는 외적인 통제기능이 개인 내 정신기능으로 전환된 것이다.

주지하다시피 비고츠키에 있어서 자기규제의 기제는 언어이다. 언어를 통해 자기규제 기능이 개인 내면에 형성된다. 언어의 형태도 처음에는 외적 언어에서 사적 언어로 그리고 내적 언어로 전환되는 과정에서 자기규제 기능은 형성되는 것이다. 이처럼 자기규제가 형성되는 기제를 언어로 간주한다는 것은 자기규제의 형성, 즉 도덕성을 형성하는 일은 언어와 밀접한 관련을 맺고 있다는 것을 의미한다. 물론 이때의 언어활동의 방식은 주로 덕목주의에서와 같은 어른이나 교사의 일방적인 도덕적 언어의 지시나 설명이 아닌 어른과의 언어적 상호 작용이다.

처음에는 어른과의 상호 작용에서 출발하여 나중에는 자신과의 언어적 상호 작용을 통해 자기 행위를 통제한다. 이것은 외적인, 개인 간 관계가 내적인, 내부 심리적인 과정으로 되는 과정은 의사소통적 언어로부터 자기중심적 언어, 내적 언어로 진행한다는 것을 의미한다.

전술한 바와 같이, 내적 언어는 사회적 언어에 기원을 두며 자기중심적 언어를 거쳐 형성된다. 이것은 비고츠키로 하여금 자기중심적 언어 연구를 통해 내적 언어의 구조적 기능적 속성을 밝히게 하는 근거를 제공한다. 자기중심적 언어나 내적 언어는 모두 언어적 특성을 지

---

125) 송석재, 앞의 논문, pp.170-171.

니므로 대화적 특성과 자기규제적 특성을 갖는다.

그러면 먼저 내적 언어의 대화적 특성에 대해 살펴보자. 피아제와는 달리 비고츠키는 자기중심적 언어를 사회적 언어로부터 이끌어 낸다. 이것은 아동이 자신의 머리를 써서 계산하기 전 처음에는 손가락, 블록, 혹은 다른 손으로 다룰 수 있는 것을 사용하여 수를 세는 학습을 하듯이 그들은 내적 언어로 그들 스스로에게 말하는 것을 학습하기 전에 타인, 즉 부모나 친구 혹은 친척들과 말하는 것을 배우는 것과 유사한 방식이다.

따라서 자기중심적 언어는 피아제의 주장처럼 자기중심적 사고를 반영하는 것이 아니라 오히려 이것은 자기와의 내면적 대화를 통해 행동을 계획하고 조정하는 중요한 역할을 한다는 것이다. 이러한 자기중심적 언어의 대화적 특성은 내적 언어에도 계승된다. 미드(Mead)는 이러한 내적 언어의 대화적 특성을 강조한다.

"

　우리가 유일한 구경꾼이고 행위자인 영역, 즉 일종의 내적인 공개 토론장이라 할 수 있는 분야가 있다. 그 영역에서는 우리 각자가 자신과 협의한다. 우리는 어떤 드라마를 수행한다. 만약 사람이 격리되어 물러나 생각을 위해 앉아 있다면 그는 자신과 대화하는 것이다. 그는 질문하고 대답한다. 그는 어떤 사람과 대화하듯이 그의 생각을 개발하고 그러한 생각들을 조직한다. 그는 사실상 다른 사람과 대화하는 것보다 그 자신과 대화하기를 좋아한다.[126]

"

또한 비고츠키에 의하면 모든 언어는 행동을 규제하고 지도하는 수단적 특성을 갖는다. 불러(Buhler)와 겟쩌(Getzer)의 관찰에 의하면 초기

---

126) G. H. Mead, *Moment of thought in the nineteenth century*, Chicago: Univ. of Chigago, 1936, p.401.

발달 단계에서 아동은 일련의 그림을 그린 후에 그 다음에 그 그림에다 이름을 붙인다. 그리고 나중 단계에서 언어와 행동과의 관계는 역전된다. 즉 아동은 처음에 언어로 생각을 형성하고 그런 다음에 이러한 생각을 행동으로 옮긴다. 이것은 교제의 수단으로써 시작한 아동의 언어는 활동을 규제하는 수단이 된다는 것을 의미한다.[127]

비고츠키에 의하면 모든 언어적 사고는 자기규제적 특성을 갖는다. 즉 자신의 생각을 큰소리로 말하는 것은 잠재적 자기규제로 이해할 수 있다. 왜냐하면 그것은 파블로프에 의해 제시된 이차적 신호체계의 기능으로 해석될 수 있기 때문이라는 것이다.[128] 그리고 그것은 유아가 조건화의 힘에 완전히 의존하는 대신에 자기 자신의 행동을 통제하는 능력을 가능하게 해준다는 것이다. 환경과 관계하는 유아의 첫 번째 방식은 신체적 우연성에 의해 조건화될 수 있는 유기체라는 것이다. 이러한 관계는 일차적 신호체계의 조건화 원리에 토대를 두는 것으로써 자신의 환경에 대한 자극 속성이 마치 자신의 환경 속에서 인지할 수 있는 우연성의 반복과 예측에 기초한 사회적 상호 작용으로 문제를 해결하는 동물과 같이 유아가 사회적 상호 작용에서 사용하고 이해하는 유일한 것이다.

그러나 나이가 들어가면서 언어와 사고가 병합됨에 따라 이해할 수 없는 의미는 발화된 말을 통해 신체적 전달자를 요구하게 된다. 일차적 신호체계 수준의 유아는 자신이 전에 다른 인지할 수 있는 조건화된 자극에 대해 반응하는 것처럼 어떤 말에 대한 첫 반응에 의해 기능적인 말과 말의 이해를 숙달하게 되고 어떤 말에 대해 신체적으로

---

127) A. R. Luria, Speech Development and the Formation of Mental Pross, In L. Peter & F. Charles, L. *Vygotsky critical assessments*, London and New York, 1999, p.105.
128) *Ibid.*, pp.24-25.

인지할 수 있는 소리에 의해 자신의 행동을 통제하게 된다. 이러한 점에서 아동 자신의 말에 대한 인지할 수 있는 속성은 자신에게 영향을 준다. 점차 말의 의미가 발화된 말의 인지할 수 있는 속성보다 더 강하게 반응하게 되고 이해하게 된다. 아동이 자신에게 제시된 말의 의미에 대해 점점 더 반응하게 됨에 따라 그는 자신의 행동을 이끌 수 있게 된다. 이렇게 됨으로써 아동은 언어적 자기규제를 통해 자신의 행동적 실천가가 된다.

자기중심적 언어의 수준에서는 발화된 말의 속성이 중시되는 반면에 내적 언어의 수준에서는 말의 의미가 중시된다고 볼 수 있다. 약 5세를 시작으로 유아는 인습적 규칙과 침묵적 사고 능력을 겸비하기 시작한다. 따라서 내적 언어는 자신과의 도덕적 대화를 통해 행동을 계획하고 통제하는 기능과 역할을 수행하는 것이다. 특히 비고츠키는 내적 언어의 형태 속에서 언어가 심리적 도구로서 기능하는 방식에 대해 주목한다. 대화라는 상호 작용에 의해 형성된 내적인 도덕 언어는 자기의 행동을 통제하는 자기와의 내적인 대화로서 자기규제를 한다. 이러한 관점에서 내적 언어와 사고와의 관계에 대한 비고츠키의 일반적인 견해는 도덕적 기능의 영역에 적용될 수 있고 도덕적 문제, 갈등, 딜레마에 직면했을 때 마치 직면하게 된 과제나 어떤 다른 문제에 대답하는 것처럼 내적인 도덕적 대화로서 내적 언어를 통해 응답한다.

비고츠키 관점에서 도덕교육은 어른과의 언어적 상호 작용을 통한 사회적 가치나 덕목의 내면화로부터 시작한다. 예컨대 어떤 행위 위반의 결과에 관한 타인과의 의사소통은 사람들이 해야 할 것과 하지 말아야 할 것에 관한 자기 자신과의 의사소통의 기반이 된다. 이러한 사회적 가치나 덕목의 내면화에 토대를 두고 내적 언어를 통해 내면화된 가치나 덕목, 즉 문화적으로 규제된 상징체계는 개별화된 언어적 사고로 재구성된다. 아동들은 일단 외적인 것을 내적인 것으로 단순히 만드는 것이 아니라 점차 사회적 세계에서 그들의 경험에 토대를 둔 도덕적 사고, 느낌, 행위에 대한 그들 자신의 내적 단계를 창조하는 것이다. 이것이 비고츠키의 도덕적 기능이 단순한 내면화가 아니라 점유로 이해해야 하는 이유이다.

부젤리(Buzzelli)는 어떻게 아동과 교사 사이의 개인 간 대화가 아동이 '자기규제'를 위해 사용하는 내적 대화로 변형되는지를 설명하기 위하여 비고츠키주의자들의 분석을 사용한다.

66

아동들의 도덕적 이해의 중요한 부분은 그들 자신의 유일한 관점을 반영하는 도덕적 맥락 내에서 사건과 규칙을 형성하고 해석하는 어른과의 대화를 통해 형성된다. …… 그 과정은 어른이 아동과의 대화에서 사용한 말에 의해 영향을 받은 사회적인 것이다. 예를 들어 한 아이가 다른 아이의 인형을 빼앗을 경우, 어른은 인형을 빼앗은 아이가 훔친 것이라고 말할 수도 있고 그것은 잘못된 것이라고 말할 수도 있다. 그리고 그것은 학교 규칙을 어긴 것이며 그 조항을 놓치는 아이는 퇴학당한다고 말할 수도 있다. 이러한 각각의 설명들은 다른 말을 사용하는 다른 방식 속에서 행동을 기술하므로 행동에 다른 의미를 부여한다. 예를 들어 교사가 아동에게 "그 인형은 네 것이냐?", "그것은 누구 것이냐?", "네가 그것을 훔쳤니?", "다른 사람의 물건을 훔치는 것에 관한 규칙은 무엇인가?", "너는 그 인형을 어디에서 얻었니?", "네가 그것을 찾았니?", "그것이 다른 아이의 것이니?", "다른 사람의 인형을 훔친다는 것이 무엇을 의미하니?", "다른 아이가 어떻게 느낄 것이라고 생각하니?" 등의 질문을 할 수 있을 것이다. 두 번째 예에서 각각의 질문은 이전 질문에 대한 아동의 대답에 토대를 두고 있다. 두 가지 예는 어른과 아동의 대화에서 다른 질문 유형을 나타낸다. 어른과 아

이가 행동에 대한 아동의 도덕규칙을 위한 토대로써 기여하는 행
동에 대한 공유된 의미를 창조하는 것은 질문하고 대답하는 그러
한 상호 작용을 통해서이다.[129]

,,

이처럼 고등정신기능의 하나인 도덕적 기능은 언어에 의해 중재된
내면화된 결과로서 나타난다. 그리고 내면화는 사회적 상호 작용의 결
과이며 사회적 상호 작용은 내적 언어로 발달하여 스스로 나타나는
개인 내적 정신 과정이 된다. 따라서 도덕적 행동은 언어에 의해 중재
된 행동이기 때문에 진정한 의미의 도덕적 기능은 아동이 자신의 행
동과 타인의 행동이 '좋다 혹은 나쁘다', '옳다 혹은 그르다' 등을 해석
하는 데 사용할 수 있는 도구인 말에 의해서 가능하다. 그러므로 도덕
교육은 언어발달에 주목할 필요가 있다. 특히 언어를 통한 사회적 상
호 작용의 중요성을 함축한다. 도덕교육에서 교사 혹은 어른과의 의사
소통적 상호 작용은 매우 중요하다. 왜냐하면 언어적 상호 작용이 없
이 도덕적 기능의 내면화는 기대할 수 없기 때문이다.

이러한 비고츠키의 자기규제의 발달 과정은 도덕의 뿌리가 사회에
기원을 두고 있으며 그것은 구체적으로 전통적 혹은 역사적인 의미가
내포된 덕목으로 나타나며 이러한 덕목이 아동들에게 외적, 사적, 내
적 언어의 형태로 내면화되어 종국적으로는 자기규제 능력이 생긴다
는 것이다. 이와 같은 비고츠키의 주장은 도덕에 관한 이론적인 설명
없이 덕목을 내면화함으로써 성품을 기르려는 덕목주의 접근 방식과
는 달리 덕목을 중시해야 하는 이유를 언어적 중재 과정을 통해 설명
함으로써 덕목주의를 보완하고 있다.

---

129) C. Buzzelli. Morality in context: A sociocultural approach to enhancing
young children's moral development, Child and Youth Care Forum, 22,
1993, p.383. in Tappan(1997), pp.90-91.

2. 사회적 구성주의와 도덕교육

비고츠키는 사회문화적 관점에 기초하여 자기규제가 형성되는 과정
이 인식론적으로 개인이 지식을 구성하는 것이며 지식 구성의 원천으
로서 사회문화를 상정한다. 이러한 관점에서 비고츠키는 사회적 구성
주의자에 속한다.130) 구성주의는 인간이 기존의 지식이나 신념을 토대
로 자신들이 직면하는 새로운 개념이나 상황 간의 상호 작용을 통해
서 지식을 스스로 창출한다는 것을 가정한다.131) 구성주의는 또 학습
자가 지식을 구성하는 과정에서 개인 주체의 역할을 강조하느냐 아니
면 사회문화적인 역할을 강조하느냐에 따라 급진적, 사회적 구성주의
로 나뉜다.

비고츠키에 의하면 자기규제가 형성되는 과정은 개인 간 정신기능
이 언어적 상호 활동에 의해 개인 내 정신기능으로 전환된다. 즉 개인
의 고등정신기능의 형성은 개인 간에 존재하는 정신기능이 사회적 상
호 작용을 통해 개인 내에 형성된다. 그리고 이러한 전환의 과정은 단
순한 내면화 과정이 아니라 점유의 과정으로써 궁극적으로 지식의 모
방이 아닌 구성인 것이다. 이러한 그의 고등정신의 형성 과정은 사회
적 구성주의의 핵심인 지식이 사회적 참여를 통해 구성된다는 원칙을

---

130) 구성주의는 지식이 구성되는 과정을 개인의 사고 범위 내에서 설명하는
   인지적 구성주의(피아제)와 이를 거시적으로 사회문화적인 범위로 확장
   시켜 설명하는 사회적 구성주의가 있다. 사회적 구성주의는 지식 형성
   과정에서 인간 개개인의 인지적 발달뿐 아니라 인간 상호 작용에 중점을
   둔다. 비고츠키는 인간의 인지적 발달과 기능은 사회적 상호 작용이 내
   면화되어 이루어지는 것으로 본다.(강인애, 『왜 구성주의인가』, 서울: 문
   음사, 1997, p.68)

131) 황해익, 최혜진, "비고츠키의 사회문화적 이론이 유아교육에 주는 시사: 비
   계설정과 역동적 평가", 『열린유아교육연구』, 제5집, 2000, p.208.

반영하는 것이다. 이러한 사회적 구성주의적 관점은 학습자들로 하여
금 어른이나 또래와의 언어적 상호 작용을 통해 능동적으로 자신의
지식을 구성한다는 점에서 도덕교육에 시사하는 바가 적지 않다. 이를
좀더 구체적으로 살펴보자.

1) 객관주의와 구성주의

지식의 기원이나 인식의 문제는 오랫동안 논쟁이 되어 온 교육의
핵심적인 문제이다. 지식의 궁극적 기반을 개인의 자율적 이성에 두느
냐 아니면 사회에 그 기원을 두느냐에 따라 지식의 인식 과정과 교육
방법은 달라진다. 이러한 도덕교육학적 논의는 철학적 관점을 수용한
다. 왜냐하면 교육을 통하여 어떤 인간과 사회를 기대하고 학생들이
어떤 가치관을 지녀야 할 것인가 하는 문제는 지식의 본질이나 인식
의 철학적 문제와 관련되기 때문이다. 지식의 본질은 인식의 주체와
그 대상인 객체와의 관계에 의해 결정된다.

일반적으로 지식을 인간이 알고 있는 개념을 지칭하는 것이라고 한
다면 인식은 그것을 알게 되는 과정을 지칭하는 개념이다. 교육학자들
은 지식을 어떻게 바라보느냐 하는 관점에 따라 객관주의와 구성주의
로 구분[132]하는 것에 동의한다. 객관주의적 관점에 의하면 지식은 실
체의 객관적 표상에 지나지 않는다. 그리고 이때의 지식은 주체의 인
식과는 관계없이 외부 세계의 객관적 실체로서 고정불변한 특성을 갖
는다. 따라서 이러한 관점에서의 교육 활동은 교사의 입장에서는 그러
한 지식을 짧은 시간에 가능하면 잊어버리지 않도록 일제식 수업을

---

132) D. Jonassen, "Objective vs Constructivism", *Educational technology
 research development*, 39(3), 1991, pp.5-14.

통해 잘 전달하는 것이고 학생은 그러한 지식을 가능한 많이 오랫동안 기억하는 것이다.

객관주의적 학습관의 대표적인 이론이 행동주의이다. 행동주의 이론은 학습자 밖에 객관적으로 존재하는 지식, 즉 도덕을 학습자에게 내면화하는 데 관심을 둔다. 쏜다이크(Thorndike)와 같은 행동주의자들에 의하면 학습은 상황과 행위 사이의 차별적 결속 강화를 통해 나타난다고 가정한다.[133] 따라서 교수는 모델링, 논증, 강화와 같은 교수절차를 사용하여 학습자의 반응을 형성하는 것이다. 이러한 관점에서 학문적 과제는 과제 구성요소를 결정짓기 위한 분석이 요구되며 교육과정은 학생들이 필요충분조건적인 기술을 획득하도록 계열화시키는 것이 요구된다.

행동주의를 가장 잘 반영하는 교수 모델은 직접교수법이다. 직접교수법의 전형은 학습 진도나 계열성 그리고 교수 내용을 통제하는 교사에 의한 적극적이고 지시적 역할이다. 그러므로 여기에서의 핵심은 교사이며 교사가 학습을 이끌고 시범 보이고 설명하고 논증을 한다. 이러한 방식은 학습지, 학습 자료나 도구, 참고서와 같은 학습자 중심의 교수방법과는 사뭇 다르다. 직접교수법의 관심은 사실적 내용을 가르치는 효과적인 수단에 있지만 이러한 방법은 추론이나 문제해결력과 같은 고차원적인 인지 기술로 전이하기에는 불충분하다. 직접교수법은 이러한 실제적 한계 외에도 학습을 설명하는 기제에 관한 만족할 만한 설명을 제공하지 못한다는 이론적 한계도 갖고 있다.

인간의 복잡한 인지 활동의 정보 처리 과정에 대한 관심이 높아짐에 따라 인지관점이 주목을 받게 된다. 이제 인지 혁명은 단순한 행동

---

133) A. S. Palincsar, "Social constructivist perspectives on teaching and learning", in H. Daniels(ed), *An Introduction to Vygotsky*, Routledge, 2005, p.285.

주의에 대한 발전 이상의 것이었으며 '의미형성'에 관심을 두는 심리학을 촉진하게 되었다. 의미형성을 설명하기 위해 인지심리학은 스키마와 발견학습과 같은 인지구조의 개념을 도입하였다. 이러한 인지구조는 문제 해결이나 전이 능력과 같은 현상을 강조한다. 실질적으로 모든 인지과학 이론은 인지구조가 특별한 맥락에서 경험을 해석하는 과정에서 개인적으로 구성되는 정도에 따라 구성주의의 형태를 띤다.

하나의 객관적 실체를 부정하고 다양한 관점에서 진리를 접근하는 상대주의적 관점과 객관주의의 단편적 지식의 전수, 암기 위주의 수업, 이기적 경쟁주의, 획일화된 수업으로 인해 개성과 창의성, 그리고 사고력을 함양시키고자 하는 시대적 요청에 부응하지 못하고 있다는 것이 비판의 요지이다. 이러한 시각에서 오늘날 교육학에서의 구성주의적 관점134)은 최근 현대 철학의 상대주의적 담론을 반영한 것이다.135)

---

134) 일반적으로 구성주의는 18세기 이탈리아 철학자 비코(Vico)에 의해 비롯되어 가다머(Gardamer)를 비롯한 해석학자들, 미국의 듀이(J. Dewey), 보다 최근에는 로티(Rorty)나 굳맨(Goodman)등이 그 뒤를 잇는 대표적인 사상가로 거명된다. 구성주의는 주어진 사물을 감각적으로 수용하는 일이 아니라 사물의 존재를 구성하는 상대주의적 인식론에 기초한다. 이러한 구성주의를 교육학적으로 접근할 때 학습자는 지식의 피동적 수용자가 아니라 인식을 구성하는 능동적이고 창의적인 존재이다. 그리고 이때의 교사는 객관적으로 존재하는 지식 정보, 도덕적 덕목의 전문적인 권위자로서 학습자에게 일방적으로 전달하는 입장을 견지하기보다는 학습자의 능동적이고 창의적인 구성 활동을 도와주는 안내자이며 조력자이어야 한다. 구성주의 입장에서 교육과정 또한 학생이 답습해야 할 객관적으로 주어진 절대적 지식이 아니라 교사와 학습자가 공동으로 탐구해야 할 하나의 과제이다.

135) 오늘날 교육에서 강조하는 열린 교육, 수준별 교육은 상대주의를 교육적 논의에 도입한 구성주의적 관점을 반영하는 것이다. 특히 교수-학습방법으로 등장하는 자기주도적 학습, 개별화 학습 등은 상대주의의 교육학적 관점을 반영한 것이라고 볼 수 있다. 교육의 상대주의적 논의는 일반적으로 문화상대주의로서 문화권 간, 지역 간, 세대 간에는 생활양식, 가치관, 신념체계의 다양성을 인정하지만 다른 것들 간의 우열이나 진위

2) 급진적 구성주의와 사회적 구성주의

구성주의는 지식의 객관적 존재를 인정하지 않는다. 지식은 오직 인식의 주체에 의해서 주관적으로 구성된다. 인간은 자신의 주관적 경험이나 대상과의 관계를 바탕으로 사물이나 현상을 해석하므로 지식은 개별 인간의 정신 활동의 산물이다. 여기에서는 인식의 주체가 외부 세계에 대한 주관적인 경험을 바탕으로 실체를 구성한다는 점에서 객관주의와 다르다. 따라서 이때의 학습자는 자신의 인지구조에 기초하여 스스로 정보를 선택하고 변형하며 가설을 설정하고 행동을 결정한다. 따라서 수업과 관련하여 교사는 학생들이 스스로 가치를 구성할 수 있도록 유도하거나 격려해야 한다. 학생들의 합리적인 가치판단 능력을 함양하도록 하는 도덕과 교육의 접근은 구성주의적 접근을 반영한 것이다. 그러나 학습자가 가치를 구성할 때 구성의 준거로서 정의나 기타 도덕적 가치나 이상을 전제한다면 진정한 의미에서 구성주의적 관점이라 보기 어렵다. 이러한 점에서 진정한 구성주의는 급진적 구성주의를 의미할 수 있다.

급진적 구성주의는 개별적인 인식 주체의 경험 세계의 맥락에 따라 구성하는 인식 대상이 각기 다를 수 있다는 관점을 취한다. 이들은 객관적 인식론에 바탕을 두고 있는 객관적 실재의 존재 자체를 거부한다. 급진적 구성주의자들에게 있어서 인식의 내용은 외부의 실재를 객관적으로 수용하여 표상한 것이 아니라 인식 주체의 관점에 의해 구성된 것이다. 그러나 급진적 구성주의 관점의 교육학적 논의는 보편적 가치체계를 훼손함으로써 무엇이 옳고 그른지, 무엇이 가치 있는 일인지 알 수 없으며 자의적이고 감각적인 취향에 따라 생각하고 행동하게 함으로써 사회

판단을 거부한다.

적 혼란뿐만 아니라 개인적 허무주의에 빠질 수 있다는 비판이 있다.

　이러한 급진적 구성주의의 대안으로 등장한 대표적인 이론이 사회적 구성주의이다. 사회적 구성주의는 객관주의와 급진적 구성주의를 극복하고자 한다. 획일적인 객관주의적 관점은 현대 사회에 필요한 개성이나 창의성 그리고 상상력을 길러주는 데 한계가 있다. 특히 도덕과 교육에서 덕목의 일방적인 전수와 실천의 강요는 학습자를 타율적 도덕성에 고착화시킬 위험성을 내포하고 있으며 이러한 방식은 다양한 가치가 공존하는 오늘날의 시대적 상황에 적극적으로 대처하기 어려운 한계를 지니고 있음을 부인하기 어렵다. 특히 현대 사회는 빠르게 변화하고 있다. 시시각각 변화하는 시대적 상황은 그때, 그 장소에 맞는 적절한 가치를 끊임없이 요구하고 있다.

　사회적 구성주의적 관점에서 학습이란 개인이 이미 지니고 있는 세계관과 이에 모순되는 새로운 통찰간의 갈등을 자기조절적 과정을 통해 처리하거나 문화적으로 개발된 도구 및 상징체계를 가지고 의미를 재구성해 나가거나 협동적인 사회적 활동, 담론 그리고 논쟁을 통해 그러한 의미들을 협상해 나가는 과정으로 이해한다.[136] 또한 사회적 구성주의를 교수-학습과 관련하여 프라와트(Prawat)는 포스트모던 구성주의 관점으로 설명한다. 그는 지식의 원천이 개인에 있다고 보는 견해를 거부하고 학습과 이해는 본래 사회적인 것으로 보고 문화적 활동과 도구를 개념 발달과 통합하는 것으로 간주한다.[137]

---

136) Fosnot(1996), 정창우, "피아제와 비고츠키 이론의 도덕교육적 함의에 관한 연구", 『도덕윤리과교육』 제13집, 한국도덕윤리과교육학회, 2001, p.208.
137) 다양한 포스트모던 구성주의 관점을 구별하기는 매우 어렵다. 예를 들어, Cobb & Yackel은 그들이 '창발적(emergent)'이라고 부르는 관점과 사회문화적 관점을 구별한다. 사회문화적 접근은 교수문제를 한 세대로부터 다음 세대로 문화의 전수로 설명하고 창발적 관점은 교수문제를 교실에서

사회적 구성주의에 대한 관심은 여러 요인들에 의해 촉발되었지만 실질적으로는 교수-학습에 관한 인지적 관점에 의해 알려지게 되었다. 듀피(Duffy)는 문제 해결 기술을 형성하는 수단으로서 '생각하는 바를 그대로 입으로 말하는 방식(think-aloud)'을 탐구했고 팔린사와 브라운(Palincsar & Brown)은 네 개의 전략-예측하기, 의심하기, 요약하기, 명료화하기-으로 구성된 교수와 학생이 토론하는 상호교수법을 고안했다.138)

여기에서의 전략은 학생들로 하여금 텍스트의 의미를 구성하는 데 참여하도록 하는 것이다. 학생들이 토론을 이끌어갈 때 교사의 역할은 아동 각자가 전략을 사용하는 데 필요한 어떤 것이라도 제공한다. 이 때 교사는 학생을 위해 개입한다. 팔린사와 브라운의 연구는 이러한 프로그램이 토론 이해 기술을 향상시키는 데 성공적이었음을 보여준다.139) 그러므로 여기에서의 지식은 개인들이 함께 활동하는 사이에 구성될 수 있으며 집단이 개인 혼자 활동하는 것보다 좋은 성공을 얻을 수 있다는 것을 전제하는 것이다. 즉 다른 사람에게 자신의 생각을 설명함으로써 심도 있는 인지 과정으로 이끌 수 있다는 것이다. 이러한 관점에서 인지는 협동 과정이며 사고는 내면화된 담론이며 인지발달에 관한 탐구의 목적은 사회적으로 공유된 활동들을 내면화된 과정으로 변형하는 것을 검증하는 것이다.

개인 혹은 집합적 의미의 출현으로 고려한다. 그러나 J. Steiner & Mahn 은 이러한 사회문화적 관점에 대한 해석이 정확한 것이 아니라고 주장하고 지식을 개인과 사회가 상호 구성하는 상호 의존성에 관심을 둔다. (A. S. Palincsar, "Social constructivist perspectives on teaching and learning", in H. Daniels(ed), *An Introduction to Vygotsky*, Routledge, 2005, pp.286-287.)

138) *Ibid.*, p.287. Duffy는 잘 알지 못한 말의 의미를 이해하도록 할 목적으로 상황을 사용하는 읽기전략을 활용하는 공공 모델에 참여함.

139) *Ibid.*, p.288.

3) 사회적 구성주의와 도덕교육

객관주의적 학습관에서의 도덕과 교육은 교사 중심의 교수-학습 방법으로서 주로 설명이나 모방, 강화와 보상을 중심으로 이루어진다. 그러나 비고츠키와 같은 사회적 구성주의의 입장은 학습자가 세계와의 상호 작용을 통해 지식을 구성하는 적극적이고 자기규제적인 학습자이다. 그리고 학습은 현실 상황에 직접 참여함으로써 함양되는 사회적인 활동이며 교사는 학습의 주체자인 학습자 스스로 과제를 수행하여 지식을 구성하도록 도와주는 보조자나 안내자로 본다. 이러한 구성주의는 인간이 기존의 지식이나 신념을 토대로 자신들이 직면하는 새로운 개념이나 상황 간의 상호 작용을 통해서 지식을 스스로 창출한다는 것을 가정[140]한다. 피아제와 비고츠키는 아동들이 환경과의 상호 작용을 통해 지식을 스스로 구성하고 조직하는 능동적인 존재로 본 것은 공통적이다. 그러나 피아제는 기본적으로 인지적 구성은 물리적 대상들과의 상호 작용에서 나타나는 것으로 보았으나 비고츠키에 있어 인지적 구성은 언제나 사회적으로 매개되며 현재와 과거의 사회적 상호 작용에 의해 영향을 받게 된다는 것이다. 최근 비고츠키주의자들은 교실에서의 담론의 질을 지식 구성과 인지적 성장의 중요한 요소로 제시하지만 실제로 대부분의 교실에서의 대화는 거의 획일적인 담론적 경향을 띤다는 것이다.[141] 이러한 점에서 생산적인 토론을 위해서는 토론 전후의 교사의 안내와 토론하는 동안의 비계(飛階, scaffolding)역할을 통해 지식 구성의 가능성을 높일 수 있다. 교사들이 사회적 구성주의적 입장을

---

140) 황해익 외, 앞의 논문, p.208.
141) 이러한 담론 형태를 IRE 패턴으로 불리는데, ① 교사가 시작하고 ② 학생이 응답하고 ③ 교사가 평가하는 식의 형태이다. 정창우, 앞의 논문, p.218.

취한다는 것은 행동주의적 접근에서처럼 외재적 동기화가 아닌 학습에 대한 지속적인 관심이라고 불리는 내재적 동기화를 교실 상황에서 연출할 수 있다는 것을 의미한다. 이를 위해서

> 66
>
> 우선 교사가 학습자들의 독특한 구성적 관점에 대한 존중을 바탕으로 학생들을 지식의 공동 – 구성자로서 이해해야 하고 학생들의 눈을 통한 학습의 중요성을 인식해야 한다. 또한 지식의 소비자가 아니라 능동적인 생산자의 입장에서 학생들의 학습을 촉진시키기 위해서는 자기결정, 자기표현, 자신의 학습, 구성 그리고 지식에 대한 소유권의 존중 및 공유의 기회를 최대한 많이 제공할 필요가 있다.[142]
>
> 99

이러한 관점에서 구성주의가 도덕과 교육에 주는 시사점은 학습자를 능동적인 주체로 인정하도록 하는 것이다. 객관주의적 학습관에서는 학습자를 수동적이고 타율적인 존재로 간주하지만 구성주의적 관점에서의 학습자는 능동적 존재로서 학습자는 학습자 밖에 존재하는 객관적 가치나 덕목을 수동적으로 받아들이는 존재가 아니라 학습자가 환경과의 상호 작용을 통해 가치를 구성하도록 하는 것이다. 그리고 교사는 학습자가 가치를 구성할 수 있도록 협력하고 안내하는 조력자이다.

3. 근접발달 영역과 도덕교육

비고츠키는 학습이 아동발달 수준을 고려해야 한다는 점에서 근접발달 영역(The Zone of Proximal Development)의 개념을 도입한다.

---

142) 정창우, 위의 논문, pp.218-219.

ZPD는 아동이 홀로 수행하는 것보다 더 나은 역동적인 인지발달의 지표로 간주된다. 비고츠키에 의하면 생산적인 상호 작용은 교수 활동이 ZPD를 지향하는 것이다. 그렇지 않으면 교수 활동은 아동발달 뒤에서 지체하게 된다. "좋은 학습은 발달에 앞서는 것이다."[143] 따라서 비고츠키 관점에서 인지발달의 문제는 언제쯤 공동 활동에 참여할지 그리고 이러한 참여가 어떻게 다른 활동에 참여하는 것과 관련되는지에 대한 과정을 검토하는 것이다. 그러므로 발달은 새로운 문제나 과제에 적용할 수 있는 일반 개념이나 원리를 배울 때 일어난다. 반면에 피아제의 관점에서 학습은 발달에 의해 제한된다.

언어적 자기규제가 형성되는 지점 또한 근접발달 영역이다. 비고츠키는 발달과 학습 사이의 관계를 이해하기 위해 두 가지의 발달 수준, 즉 실제적 그리고 잠재적 발달 수준을 구별한다. 그리고 근접발달 영역은 어른이나 또래와의 언어적 상호 작용이 구체적으로 이루어지며 자기규제 기능의 내면화가 일어나는 교수-학습의 장이다. 즉 이 영역에서 어른이나 능력 있는 또래의 지도하(도덕사회화)에 자신의 자기규제적 기능이 내면화되어 상황에 맞는 도덕 판단(도덕발달)을 하게 된다. 따라서 근접발달 영역은 아동이 홀로 수행하는 것보다 더 나은 역동적인 인지발달의 지표로 간주된다. 이러한 근접발달 영역에서의 도덕과 교육을 통해 도덕사회화와 도덕발달의 조화 가능성을 모색하고자 한다.[144]

---

143) Vygotsky(1978), p.89.
144) 김재식과 이재호도 근접발달 영역에서의 도덕과 교육을 통해 도덕사회화와 도덕발달의 조화 가능성과 도덕과 교육에서의 적용 가능성을 모색하고 있다 (김재식, "비고츠키의 근접발달대와 초등도덕과 교육", 『초등도덕과 교육』, 2001. 12, pp.219-225 참조. 이재호, "비고츠키 발달 이론의 도덕교육적 함의", 『도덕교육연구』 제12권, 2호, 한국도덕교육학회, 2000. 11, pp.166-170 참조).

1) 근접발달 영역과 도덕적 지식

비고츠키는 지식 점유의 단계를 학습과 발달의 관계에 대한 일련의 반성적 맥락에서 근접발달 영역의 개념을 도입한다. 근접발달 영역이란 사람들 간에 공유된 환경에 있던 정신기능들이 개인 내로 들어오게 되는 지점으로서 아동발달에 관한 일반적인 심리적 관점과 교수에 관한 교육학적인 관점을 연결한다. 근접발달 영역이란 구체적으로 아동의 발달 수준과 관련하여 독립적으로 문제해결을 하는 것에 의해 결정되는 실제적 발달 수준과 능력이 좀더 나은 동료와의 협동 속에서 혹은 어른의 안내하에서 문제를 해결하는 것에 따라 결정되는 잠재적 발달 수준 사이의 거리이다. 비고츠키의 ZPD개념을 구체적으로 들어보자.

> 아동은 그나 혹은 그녀 자신의 능력을 능가하는 일련의 행동을 어떤 한계 내에서 모사할 수 있다. 모사함에 있어 아동은 혼자서보다는 어른의 도움으로 수행할 때 훨씬 더 잘 수행할 수 있다. 어른의 도움을 받아 해결할 수 있는 과제 수준과 혼자의 힘으로 해결할 수 있는 과제 수준 사이의 차이가 근접발달 영역이다.[145]

근접발달 영역 접근의 요체는 아동의 발달 능력에 대한 교수 전략을 조화롭게 하기 위해서 실제적 발달 수준뿐만 아니라 잠재적 발달 수준을 고려하는 것이다. 실제적 발달 수준이란 현재 아동이 알고 있거나 할 수 있는 수준이나 능력의 정도를 나타내며 아동이 독립적으로 해결할 수 있는 과제에 토대를 두는 평가이다. 아동에게 일련의 다양한 난이도를 가진 과제를 제시하고 우리는 어떻게 아동이 그것들을

---

145) Vygotsky(1978), pp.86-87.

판단하고 그리고 어떤 수준의 난이도에서 해결하는지 기초하여 아동의 실제적 발달 수준을 판단한다.

실제적 발달 수준은 충분히 형성되고 성숙되어 비로소 완성된 그러한 정신적 기능을 포함하는데 그것은 발달의 최종 산물로서 학습자 혼자서 알고 행동할 수 있는 수준을 의미한다. 그러나 비고츠키는 실제적 발달 수준은 궁극적으로 아동의 발달 상태에 관한 부적절한 측정을 제공할 수밖에 없다고 주장한다. 아동의 진정한 발달 수준의 고려는 실제적 발달 수준뿐만 아니라 아동보다 더 많이 알고 있거나 보다 더 능력 있는 다른 사람의 안내나 조언으로 성취할 수 있는 것까지 고려해야만 한다는 것인데 그것이 잠재적 발달 영역이다.[146]

근접발달 영역은 아직 성숙되지 않은 그리고 성숙의 과정 속에 있는 그리고 도움에 의해 단지 성취될 수 있는 그러한 능력과 기능을 포함한다. 따라서 실제적 발달 수준은 이미 도달한 것에의 정신발달 수준을 나타내는 것이고 근접발달 영역은 전망적인 정신발달 수준을 특징으로 한다.

이와 같이 비고츠키는 발달을 어느 한 고정된 지점이 아니라 행동의 연속 혹은 성숙의 정도로 보았기에 '영역'이라는 용어를 사용하고 학습자에게 궁극적으로 나타날 수 있는 모든 행동을 의미하는 것이 아니라 주어진 시간 내에 그리고 가장 가까운 때에 나타날 행동을 의미하므로 '근접'이란 용어를 사용한다.[147] 그리고 행동의 발달은 근접발달 영역의 경계가 되는 두 수준 사이에서 일어난다고 본다.

---

146) *Ibid.*, p.208.
147) E. Bodrova & D. Leong, *Tools of Mind: The Vygotskian Approach to early Children Education*, N.Y: Prentice-Hall, Inc, 1996, 김억환, 박은혜 공역, 정신의 도구: 비고츠키 유아교육, 이화여자대학교 출판부, 1998, pp.72-73, 김재식, 앞의 논문, p.209.

근접발달 영역은 공유된 사회 환경에 있던 정신기능들이 개인 내로 들어오게 되는 지점으로서 아동발달의 심리학적 관점과 교수 활동에 관한 교육학적 관점을 연결시킨다. 비고츠키의 근접발달 영역에서의 교수 활동은 교사의 안내된 참여로 아동을 잠재적 수준으로 인도함으로써 발달과 교육을 동시에 고려하는 기획이다. 따라서 근접발달 영역은 교수를 계획하고 교수 결과를 설명하는 데 필요한 분석적 도구이다.

근접발달 영역에서 어른에 의한 안내된 참여는 기본적으로 공유된 사회적 가치를 전제한다. 근접발달 영역에서 일차적으로 아동으로 하여금 그 사회의 기본적인 가치나 규범을 숙지하게 하는 것은 아동의 도덕사회화를 통하여 자기통제의 단계에 이르는 것이다. 그러나 도덕교육은 이 단계에 머무르는 것이 아니라 이러한 기본 규범의 내면화에 대한 이해를 기초로 어른은 아동의 자율적인 도덕성을 지향시켜야 한다. 아동의 도덕발달 수준을 보다 높은 도덕원리를 지향할 수 있도록 하는 안내를 제공함으로써 아동의 도덕 추론 능력을 꾀하는 것이다. 즉 아동의 상황에 적절한 갈등상태를 제시하여 내면화된 기본 규범이나 가치가 서로 갈등하거나 긴장상태를 유발하도록 하고 이를 합리적으로 해결할 수 있도록 유도함으로써 자기규제 능력을 기르도록 할 수 있다.

근접발달 영역에서 학습할 영역에 대한 지식을 가지고 있는 교사나 어른이 도와줄 경우에 학습자의 잠재적 발달 수준에 도달할 수 있다. 즉 어른과의 언어적 상호 작용을 통해 지식의 구성과 발전이 가능하다고 본다. 그러므로 여기에서의 학습자는 단순히 도덕적 가치나 덕목을 타율적으로 받아들이는 수동적 존재가 아니라 처음에는 초보자로서 도덕적 가치를 수동적으로 받아들이지만 종국에는 능동적으로 가치를 스스로 구성하는 자율적 존재가 된다. 따라서 교사는 안내자, 인도자, 촉진자, 공동참여자의 역할을 수행한다. 따라서 근접발달 영역은 아동이 어른이나 교사와의 상호 작용을 통해 지식을 구성하는, 즉 자기규제가 형성되는 지점이므로 학생들이 학습에 직접 참여하고 학생들이 도덕적 지식을 구성하도록 하는 환경을 조성하는 것이 중요하다.

태펀에 의하면 이러한 근접발달 영역에서의 도덕교육적 접근은 도덕사회화와 추론 능력의 발달을 동시에 접근할 수 있는 것으로 본다.148) 도덕적 지식은 근접발달 영역에서 아동과 어른은 외적 언어의 상호 작용을 통해 기본 가치나 규범이 내면화되어 자기통제적 정신기능이 되고 이러한 능력은 사적 혹은 내적 언어를 통해 내면화된 지식은 갈등상태를 겪으면서 내면화된 도덕적 지식은 자기 구성적인 점유의 지식으로 변형되어 자기규제적 정신기능으로 탈바꿈한다. 이를 비고츠키의 언어적 자기규제와 관련하여 고찰해보자.

2) 자기통제와 자기규제의 구별

지금까지 자기통제와 자기규제의 의미를 명확히 구별하지 않고 혼용하였다. 그러나 엄밀한 의미에서 자기통제와 자기규제는 상당한 차이점이 있다. 비고츠키에 있어서 자기규제는 분명히 자기통제와는 구별된다. 사전적 의미로 자기통제란 전체적인 목적을 달성하기 위해 여러 부분을 한 원리로 제약하는 것이고 자기규제란 규율을 세워 제한하는 것이다. 그리고 이 두 개념을 스스로 자기 욕심이나 감정을 제어한다는 자제라는 개념으로 대체하기도 한다. 그러나 비고츠키가 주장

---

148) 태펀(M. Tappan)은 비고츠키적 접근이 인지발달이론과 인격교육적 관점의 두 이론을 결합할 수 있다고 본다(M. Tappan(1998), "Moral Education in the zone of Proximal Development", *Journal of Moral Education*, 27, pp.154-155).

하는 자기규제의 개념은 자기통제의 개념을 넘어선다.

　반두라는 "아동의 행동은 처음에는 다른 사람의 언어적 지시에 의해 통제되고 나중에는 공공연한 외면적 자기지시에 의해서 그리고 마침내는 내면적인 자기지시에 의해 자신의 행동을 규제한다."149)라고 주장한다. 이러한 자기규제의 개념은 자기규제에 관한 선행 연구를 분석한 코프(Kopp)의 통합적 설명에서도 분명하게 드러난다.150) 그는 자기통제를 어른(보살피는 자)의 부재 속에서 어른의 명령과 지시를 따르는 능력으로 이해한다. 자기통제된 행동은 최초에 외적으로 주어진 명령이나 지시에 따라 외부의 강제된 구조 없이 행동하는 능력을 의미한다. 따라서 내면화된 명령은 자극이 되고 그러한 내면화된 명령에 순응하는 것이 반응이다. 예컨대 부모님의 '거짓말 하지 마라'는 금지의 명령이 아이에게 내면화되고 부모님이 없을 때에도 스스로 거짓

---

149) A. Bandura, *Social Learning Theory*, Englewood Cliffs, New Jersey: Prentice-Hall, Inc., 1977, p.190.

150) Rafael M. Diaz, Cynthia J. Neal, and Marina Amaya-Williams, The social origians of self-regulation, in L. C. Moll, (ed), *Vygotsky and Education*, Cambridge University Press, 1990, pp.129-130. 자기규제에 관한 코프의 설명은 어떻게 자기규제가 발달하는지에 대한 모델을 형성하기 보다는 자기규제 능력의 선행 연구를 설명하는 데 목표를 두고 있다. 따라서 자기규제의 발달 모델로서 코프의 통합적 견해는 두 가지 방식에서 한계를 갖는다. 먼저, 코프에 있어서 자기규제는 질적으로 자기통제 능력과 구별된다. 자기규제는 단순히 자기통제의 더 유연한 형태로서 묘사된다. 코프 설명의 두 번째 한계는 어떻게 자기통제가 자기규제로 발달하는가에 대한 지적이 없다는 것이다. 자기통제와 자기규제에 관한 코프의 설명은 그 두 개념 사이의 차이점을 명확히 구별했다는 점에서는 의미는 있지만 두 개념 사이의 발달 관계를 설명하지는 못한다. 이러한 코프의 자기통제와 자기규제와의 구별된 관점은 비고츠키의 자기규제의 관점과 맥을 같이한다. 그리고 비고츠키의 자기규제에 관한 생각은 코프가 두 개념에 관한 상호 관련성을 설명하지 못한 것을 사적 혹은 내적 언어의 역할로서 자기규제의 발달을 설명함에 있어서 훌륭한 출발점을 제공한다.

말 하지 않는 상태가 자기통제의 단계이다.

자기통제의 발달까지 아동의 행동은 자극과 반응(S-R) 방식과 유사하게 어른에 의해 통제된다. 따라서 자기통제와 어른통제 사이의 차이는 자기통제는 아이 자신이 S와 R의 근원이라는 점이다. 그러나 행동의 조직화와 기본 구조는 두 통제가 유사하다. 자기통제된 행동은 아이에 의해 내면화되고 표출되는 외부로부터 주어진 외적으로 결정된 명령과 지시에 대한 다소 엄격한 반응이라는 것이다. 이러한 코프의 자기통제의 개념을 받아들인다면 자기통제의 단계에서의 인간은 수동적 존재이다.

한편, 자기규제는 내부로부터 유연하게 변화하는 환경에 따라 자신의 행동을 감시하고 안내하고 조절하고 계획하는 능력으로 정의된다. 따라서 여기에서의 인간의 행동은 외적인 자극에 단순히 순응하고 반응하는 수동적인 단계를 넘어선 자율적으로 자신의 행동을 계획하고 실천하는 능동적 단계이다. 자기규제된 행동의 하나의 예를 들어보면 나무 블록을 가지고 탑을 쌓는 아이는 그림 모형을 관찰한 후에 "나는 탑을 쌓기 위해 두 개의 **빨간** 블록이 필요해."라고 말한다. 그런 다음 아동은 나무 블록 더미로 간다. 그리고 한참 동안 **빨간** 블록을 찾았지만 **빨간** 블록이 하나만 남았다는 것을 알고 흰 블록에다 **빨간** 색으로 색칠을 하고 탑을 쌓는다.

이처럼 자기통제와 달리 자기규제에서 아동의 행동은 자신에 의해 형성된 목표와 계획을 따른다. 엄격하게 자극과 반응(S-R)으로 조직화된 행동과는 달리 자기규제적 행동은 자신이 형성한 목표나 목적을 성취하기 위해 변화하는 환경에 따라 유연하게 대처한다. 이처럼 자기규제는 어른의 명령이나 지시를 수동적으로 받아들이고 순응하는 것이 아니라 어른의 규제 역할을 능동적으로 받아들인다는 것이다.

코프는 자기규제의 발달단계를 통해 자기통제와 자기규제를 구체적

으로 비교한다. 그에 의하면 자기규제는 다섯 단계를 거쳐 발달한
다.151) 첫 단계는 신경 생리적 조절 단계이다. 유기체 통제의 첫 번째
형태는 신생아가 엄지손가락을 빠는 데 이용하는 손에서 입으로의 운
동과 같은 반사적 행위를 포함하는 조직화된 행동 유형을 통해 자극
상태를 조절하려는 유아의 시도 속에서 관찰될 수 있다.

그러한 조절이나 혹은 자기 진정 능력은 본래 규제적이다. 왜냐하면
그것들은 과도한 자극으로부터 유아의 미성숙한 신경체계를 보호하는
자극 장벽으로서 기능하기 때문이다. 비록 유아가 그러한 자기를 진정
시키는 행동을 할 수 있다 하더라도 유입되는 자극의 규제와 자극 상
태의 조절은 대부분 어른과의 상호 작용으로 수행된다. 사실상 생후 3
개월 정도 된 아이를 보살피는 어른의 습관은 환경으로부터 미성숙한
유기체를 보호하고 신경 생리적 기능의 그러한 조절을 성취하는 데
있어서 유아를 도와주는 것이다.

두 번째는 감각 운동적 조절 단계이다. 이 단계는 다른 환경 상황에
대한 응답에서 무반성적 운동 행위를 통합하는 아동의 능력을 나타낸
다. 감각 운동 조절은 자극 특성의 기능으로서 나타나는 동기 그리고
지각 장면과 즉각적으로 결합된다. 새롭게 획득된 행동 결과는 그들의
환경 결과에 완전히 의존한다. 이 단계 동안에 이러한 행동 유형 속에
는 의식적 인식과 인지적 의도는 보이지 않는다.

세 번째는 통제의 단계이다. 이 단계에 있는 아동들은 어른의 언어
화된 신호에 대한 반응에 있어서 행위를 멈추거나 유지하거나 시작하
는 능력을 길러준다. 이 단계는 어른의 요구에 따르거나 복종하는 아
동의 능력이 시작된다. 말할 것도 없이 통제와 순응의 단계 동안에 아
동 행위의 통제와 조절은 즉각적인 외적 신호의 출현을 요구한다. 비

---

151) *Ibid.*, pp.131-132.

록 행동 규제에 있어서 더 큰 유연성이 있다 하더라도 그러한 규제의
근원은 아이에게 있지 않고 보살핌을 주는 환경에 있다.

　네 번째는 자기통제 단계이다. 아동은 어른의 부재 속에서 어른의
명령과 지시에 따르는 능력을 갖는다. 실제 자기통제는 외적 구조로부
터 새롭게 획득된 독립성을 나타낸다. 그러나 자기통제에 있어서 명령
은 하나의 외적으로 주어진 것이다.

　다섯 번째는 자기규제의 단계이다. 코프의 발달적 견해에 따르면 자기
규제는 내면화된 조건 규칙에 따라 유연하게 행동을 이끄는 것과 관련
된다. 자기규제는 변화하는 상황에 대한 유연한 행동의 적응과 메타인지
전략과 반성의 적극적인 사용에서 자기통제와 구별된다.

　코프는 자기통제와 자기규제의 조직화 사이에 세 가지 주요한 차이
점을 다음과 같이 제시한다.[152] 즉 자기통제는 첫째, 행동은 내면화된
명령과 지시에 대한 반응 속에서 보이고 둘째는 행동은 엄격한 S-R
단계에서 조직되며 셋째는 환경적 단서는 행동 반응을 위한 자극으로
기여한다. 이에 반해 자기규제는 첫째, 행동은 자기 스스로 형성한 계
획과 목표에 따라 인도되고 둘째는 기능 체계로서 조직화된 행동은 변
화하는 목표와 상황에 따라 변화되고 적응되며 셋째는 아이는 환경을
목표에 도달하는 도구나 중재자로서 사용한다는 점이다.

　이러한 코프의 주장을 고려한다면 자기통제는 자기규제가 일어나기
전 단계의 능력으로서 단순히 사회의 도덕적 혹은 규범적 가치를 내
면화하는 수동적인 단계이며 자기규제 단계는 자기통제 단계를 거쳐
자기 스스로 환경에 유연하게 대처하면서 가치를 창출하고 실천하는
능동적인 단계라 할 수 있다.

　비고츠키의 언어적 자기규제에 있어서 자기규제의 메카니즘은 언어

---

152) *Ibid.*, p.130.

이다. 언어에 의해 자기 행동을 규제한다. 그런데 이러한 언어적 자기 규제의 단계는 주지하다시피 자기통제 이후의 단계이다. 자기통제적 단계는 도덕교육적 관점에서는 내용 중심의 도덕사회화 단계라 할 수 있다. 이러한 자기통제 단계는 인간의 인지적 성장과 더불어 점차 내적인 자기규제로 대체된다.

어린 아동의 경우에는 주로 외적인 통제에 의해 도덕적 행위가 결정되지만 아동이 성장하면서 신체적 제재나 외적인 통제는 줄어들고 자기 스스로 도덕적 행위를 결정하는 내적 통제, 즉 자기규제로 전환된다. 이러한 내적 통제 단계인 자기규제적 단계에서는 환경에 유연하게 적응한다. 이때는 수동적이고 타율적인 방식으로 환경에 대처하는 것이 아니라 능동적이고 자율적으로 환경에 반응하며 자기 구성적 입장을 견지한다. 따라서 이 단계는 도덕교육적 관점에서 자율적 도덕성의 단계로 이해할 수 있다.

3) 도덕사회화와 도덕발달[153]의 조화

비고츠키적 관점에서 자기규제는 자기통제의 과정을 거쳐 발달한다. 루리아의 사적 언어에 관한 연구는 자기통제로부터 자기규제로 발달함을 설명한다. 아동에게 인지적 과제를 부여했을 때 아동은 실천 활동을 통해 과제를 해결하려 한다. 처음에 아동의 사적 언어는 단지 과제를 기술하는 역할을 한다. 그러나 과제를 해결하는 과정 중에 어려움에 봉착하게 되면 사적 언어는 좌절을 표현하거나 어른이나 타인에게 도움을 청하는 형태로 나타나기도 하고 상황이나 어려움을 기술하기도 한다. 그러다가 나중에 사적 언어는 점차 가능한 행위 과정을 계획하는 쪽으로 발달한다.

 언어발달적 관점에서 자기규제는 처음 확정된 언어를 통해 실현된
다. 사적 언어는 아동이 과제에 직면하여 과제를 기술하거나 어려움에
봉착하여 이런 저런 사적 언어를 통해 자신의 행동을 계획하고 규제
한다. 그러다가 확정된 언어 형태는 축약되어 내적 언어화된다. 그리
고 이러한 내적 언어는 자신과의 내적 대화를 통해 자신의 행동을 계
획하고 통제한다.

 자기통제와 자기규제의 중요한 차이점은 자기통제는 상황에 맞는
규제가 되지 못하는 반면에 자기규제는 환경에 유연하게 대처할 수
있는 능력이다. 그리고 자기통제는 엄격히 S-R의 관계에 의해 조직되
는 반면에 자기규제는 변화하는 상황에 따라 변화하며 적응한다. 또한
전자의 행동은 내면화된 어른의 명령이나 지시에 의해 이루어지며 후
자는 자신이 구성한 계획이나 목표에 따라 인도된다. 이러한 점에서
도덕과 교육에서 자기통제는 도덕사회화 과정에서 중시되는 내면화의
개념이 적용될 수 있으며 자기규제는 자율성 함양을 위한 점유 혹은

---

153) 도덕교육은 궁극적으로는 도덕적 행위를 목적으로 한다. 도덕적 행위란 규
 범에 의해 통제된 행위이다. 일반적으로 규범을 인간관계에서 요구되는 도
 덕규칙이나 도덕원리로 이해할 때 도덕적 행위란 도덕규칙이나 도덕원리에
 의해 통제되거나 규제된 행위이다. 도덕규칙에 의해 통제된 행위는 어떤 사
 회가 이미 확보하고 있는 기존의 사회적 규약을 내면화함으로써 가능한 타
 율적 통제의 성격의 도덕적 행위임에 반해 보다 높은 도덕원리에 의해 규
 제된 행위는 자신의 내면으로부터 스스로 선택된 자율적인 도덕적 행위이
 다. 지금까지의 도덕교육은 도덕규칙을 내면화하는 도덕사회화 방식과 수
 준 높은 도덕원리에 따르는 행위를 스스로 판단하도록 하는 자율론적 접근
 법이라는 도덕발달의 이분법적 접근이 주류를 이루었다. 이와 같은 도덕교
 육의 이분법적 대립은 내용과 형식, 습관과 이성 혹은 사회화와 발달, 타율
 과 자율, 상대적 가치와 보편적 가치의 대립항을 형성하며 도덕교육의 핵심
 적 쟁점이 되어 왔다. 그러나 어느 한쪽으로 편중된 도덕교육은 올바른 도
 덕교육일 수 없다. 따라서 오늘날 도덕교육의 핵심적 문제 중의 하나는 내
 용과 형식, 이성과 습관, 도덕사회화와 추론능력의 개발이라는 이분법적 접
 근의 조화로운 접근을 모색하는 것이다.

통합의 개념이 적용될 수 있다.

점유라는 의미는 외적인 정신기능이 단순히 내적 기능으로 모사되거나 모방의 수동적 수준이 아니라 능동적인 기능의 수준을 함축한다. 다시 말해서 개인 간 정신기능 국면의 영향을 받아 단순한 수용의 단계를 넘어 능동적 단계로 나아감을 의미한다.

> **"**
>
> 비고츠키가 외적인 정신기능이 내적인 정신기능으로 전환된다고 설명할 때 그것은 밖에 있는 지식이 들어온다는 뜻에서가 아니라 개인 정신 간의 기능과 동형성이 있는 정신기능이 개인 내에서 형성될 수 있다는 의미로 받아들여야 한다. 정신기능의 발달은 외적인 자극이나 영향을 단서로 하여 각 개인이 능동적인 참여를 통하여 내적으로 개인 정신 간 기능과 동일한 정신기능을 적극적으로 형성하고 창조하는 과정에서 이루어진다.[154]
>
> **"**

한편, 비고츠키는 초등정신기능과 고등정신기능은 양적인 차이가 아니라 질적인 차이로 설명한다. 그리고 그는 질적인 차이를 설명하기 위해 소련의 변증법적 사고의 영향을 받아 심리적 도구로서 언어를 도입한다. 즉 인간의 정신기능은 언어를 매개로 하여 질적인 발달을 한다는 것이다. 여기에서 전환의 의미도 혁명에 가까운 질적인 변화를 의미한다.

> **"**
>
> 고등정신의 발달은 혁명에 가까운 질적인 변화를 의미한다. 점유의 과정은 존재하지 않았던 것의 출현이나 혹은 기존의 정신기능을 완전히 버리고 새것으로 대치하는 방식이 아니라 '변형' 혹은 '재구성'이라고 불리는 총체적이고 구조적인 전환의 과정이다.[155]
>
> **"**

---

154) 김지현, "비고츠키의 지식점유과정과 언어매개기능에 관한 교육학적 고찰", 서울대학교대학원 박사학위논문, 2000, p.61.
155) 위의 논문, p.61.

이러한 점유의 과정을 루리아는 자극과 반응의 반사와 재구심성의 개념으로 설명한다. 파블로프의 조건반사는 인지적 개입 없이 일어나는 자극과 신체의 연합체계이지만 재구심성의 개념은 계획 내지는 목표와 관련되어 나타나는 반응을 재구성하는 과정이다. 다시 말해서 자극에 대해 반응이 일어날 때 그 반응은 목표와 관련지어 반응한다는 것이다. 따라서 피드백을 통해 나타나는 반응은 이전 반응의 단순한 복사나 모사가 아니라 목표나 목적과 관련되는 반응으로서의 변형이고 재구성이라는 것이다.

덕목교육은 도덕사회화에 관심을 둔다. 아직 이성이 미발달된 아동에 있어서 도덕교육은 주로 도덕사회화와 관련된다. 도덕사회화는 기존의 사회적 규범이나 가치의 내면화를 중시한다. 이때의 도덕교육은 자율성에 기반을 둔 것이 아니라 기존 규범이나 가치를 숙지하게 하는 것이다. 따라서 이러한 도덕교육의 결과 타율적 도덕성을 함양하게 되어 궁극적으로 자율성을 함양하는 것과는 거리가 멀어지게 된다. 이러한 단계는 비고츠키 관점에서 자기통제의 단계이다.

자기통제의 단계는 자기규제의 단계로 발전한다. 언어의 계획 혹은 규제 기능은 사회적 대화에 기원을 두지만 단지 어른이 안내하거나 지도하는 언어의 복제는 아니다. 아동이 어려운 과제에 직면할 때 사적 언어는 실제 직접적으로 문제 해결을 능동적으로 시도하려는 노력으로 나타난다. 어려운 문제에 봉착하여 아동의 사적 언어는 갈등 상황을 고민하고 자신의 행동을 계획하고 통제를 표현한다. 이것은 도덕성의 자율성 함양과 관련된다. 자기통제, 즉 도덕사회화의 단계를 넘어서서 자기규제, 즉 자율성의 함양을 지향한다.

VI 결 론

．．．

　본 연구의 목적은 비고츠키의 사회문화적 관점에 기초한 언어적 자기규제의 도덕교육적 함의를 탐구하는 것이다. 그의 기본적인 학문적 관심은 인간의 고등정신기능의 기원과 발달에 대한 이해였다. 따라서 그의 학문적 과제는 인간만이 고유하게 지니고 있는 고등정신기능의 기원과 발달 과정에 대한 과학적인 설명을 하는 것이었다. 이러한 학문적 과제 수행의 맥락에서 그의 '언어적 자기규제'는 핵심적인 것이다. 왜냐하면 고등정신기능의 중요한 속성 중의 하나가 자발적 행위이며 자발적 행위란 자기를 스스로 통제하거나 규제하는 행위, 즉 자기규제이기 때문이다.

　비고츠키의 언어적 자기규제는 자기규제, 즉 자신의 행동을 통제하고 문제를 스스로 해결하고 평가하는 자기통제 과정의 메카니즘을 언어로 보는 것이다. 따라서 언어적 자기규제란 언어체계의 일부 요소가 행동을 계획하고 통제하며 그리고 행동을 구조화하고 조직하며 감독하는 과정이다. 이러한 비고츠키의 언어적 자기규제는 개인 간 국면으로 존재하는 외적인 통제기능이 개인 내 정신기능으로 전환된 내적인 자기규제의 개념이다.

　이때의 전환의 의미는 단순히 외적인 통제기능이 내적인 통제기능으로 통제기능의 수동적인 측면으로 내면화된 것이라기보다는 능동적으로 환경에 자율적으로 적응해 갈 수 있는 능력을 포함하는 자율적 개념이다. 이러한 점에서 그는 외적 통제기능의 내면화의 개념보다는 점유 혹은 통합이라는 용어를 사용하고 개체 발생 과정은 생물학적 발달로부터 기인하는 것이 아니라 인간 활동의 사회적 형태로부터 기인한다고 본다. 이러한 비고츠키의 언어적 자기규제의 생각은 기본적으로 마르크스주의의 철학적 배경에 토대를 둔 사회문화적 관점을 반영한다.

마르크스주의에 기초한 비고츠키 심리학의 기본 가정은 개인의 고등정신기능의 발달을 이해하기 위해 그 개인이 처한 사회문화적 역사에 대한 이해이다. 그에 의하면 개인의 고등정신기능은 사회적 기원에 뿌리를 두고 있어 사회문화적 요인에 강력한 영향을 받는다는 것이다. 따라서 개인의 고등정신기능은 사람들 사이의 상호 작용의 결과로서 얻어지는 산물이며 비고츠키는 이를 개인 간 정신기능이 개인 내 정신기능으로 내면화하는 과정으로 설명한다. 그리고 개인 간 정신기능이 개인 내 정신기능으로 변화하는 과정을 통해 고등정신기능의 발달을 설명한다.

비고츠키 관점의 언어적 자기규제는 자극과 반응의 관계로 파악되고 자극과 반응 사이에 언어의 개입을 통해 내면화를 설명한다. 이러한 자기규제의 발달은 개인들 간의 사회적 상호 작용에 의한 내면화를 통한 계속된 재조직화에 의해 특징지어진다. 따라서 언어적 자기규제는 인간의 고등정신 과정이 위계적으로 조직화되어 형성되는 기능이다. 자기규제란 자발적 행위와 관련된다. 비고츠키 관점에서 자발적 행위란 환경의 물리적인 자극과 그것에 대한 반응 사이에 인위적인 혹은 심리적인 자극의 개입을 경유하여 조직된 행동이다. 그리고 이러한 인위적인 자극은 대부분 언어적 신호이다. 따라서 자발적 행위는 언어적으로 통제된 행위이다.

이러한 비고츠키의 언어적 자기규제의 개념은 도덕교육에서 다음과
같은 함의를 지닌다.

첫째, 도덕은 사회에 기원을 둔다는 것이다. 비고츠키의 언어적 자
기규제의 개념은 그의 사회문화적 관점을 반영한다. 그에 의하면 개인
의 고등정신기능은 사회적 기원을 가지며 사회문화적 역사로부터 강
력한 영향을 받는다는 것이다. 따라서 개인의 고등정신기능은 사람들
사이의 상호 작용의 결과로서 얻어지는 산물이며 비고츠키는 이를 개
인 간 정신기능이 개인 내 정신기능으로 내면화하는 과정으로 설명한
다. 따라서 인간의 고등정신의 하나인 도덕적 기능도 개인 간 정신기
능이 개인 내 정신기능으로 내면화함으로써 가능하다. 이러한 비고츠
키에 의하면 개인 밖에 존재하는 규범 체계로 이해된 도덕이 개인 간
상호 작용을 통해 개인 안으로 들어오게 된다.

오늘날 덕(인격)교육적 접근은 덕목교육을 강조한다. 기존의 자율론
적 접근에서는 덕목의 내면화보다는 학생들의 합리적인 가치판단능력
의 함양에 관심을 두었다. 자율론적 접근에서 가정하는 개인은 사회문
화적 존재로서의 구체적인 개인이 아니라 추상적 개인으로서[156] 이러
한 개인은 구체적인 사회문화적 맥락을 초월한 존재로서 개인에게 이
미 주어진 것으로 가정되는 이성이 자율성의 궁극적 원천이다. 이러한
자율론적 도덕교육에 입각한 도덕교육의 결과는 개인주의의 만연과
그 필연적 귀결인 공동체 의식의 약화 등 심각한 사회문제를 초래하
게 되는 하나의 원인을 제공하게 되었다는 비판에 직면한다.

---

156) 조난심, "도덕교육의 목적으로서의 자율성", 서울대학교대학원 박사학위논문,
    1991, p.8.

> 합리적 자율성을 추구하는 교육에서는 교사가 공동체로부터 그
> 리고 그가 이제 전달하기를 거부한 전통으로부터 이미 자신을 해
> 방시켰다고 가정한다. 특히 전통은 우연적인 것이기 때문에 ……
> 이것을 전달하는 것은 교화이다. 오히려 그의 과제는 학생들을 타
> 인에 의해 전통이 주입되는 것으로부터 해방시키는 것이며, ……
> 따라서 이러한 교육체계는 학생들을 그의 역사, 문화 그리고 사회
> 적 맥락으로부터 벗어나 그러한 상황 밖에 있도록 할 것이다.[157]

그 결과 도덕교육은 덕목교육을 강화하고자 하는 쪽으로 방향을 전환하게 된다. 그런데 덕목론적 도덕교육은 도덕의 기원을 사회에 두는 것으로서 비고츠키의 사회문화적 관점과 이론적 유사성을 가지고 있다. 따라서 비고츠키의 언어적 자기규제는 덕목교육에 대한 이론적 근거를 제공하는 데 기여할 수 있다.

둘째, 자기규제 능력을 도덕성 함양으로 볼 수 있으며 우리는 그것의 형성 과정을 비고츠키의 언어적 자기규제 형성 과정을 통해 살펴볼 수 있었다. 도덕적 삶이란 도덕적 준거에 따라 자신의 이기적 욕망을 절제하고 조절하는 삶이다. 도덕적 삶은 자기규제를 전제한다. 따라서 도덕적으로 자신의 행동을 규제할 수 있다는 말은 자신에게 외적인 규범이 내면화되고 내적인 도덕원리로서 자신의 행위를 스스로 규율해 나갈 수 있는 능력이다.

이러한 점에서 자기규제는 도덕성과 밀접하게 관련된다. 반두라는 인간의 규제 능력, 즉 자제를 도덕성으로 보고 있고 프로이드가 말하는 도덕성 역시 행동 통제 능력으로서 초자아 형성을 강조한다. 도덕성을 자기규제와 연결짓는 것은 서양뿐만 아니라 동양에서도 마찬가

---

157) R. T. Allen, "Rational Autonoy: The destruction of freedom," *Journal of philosophy of education*, Vol.16, No.2, 1982, p.204.

지이다. 예를 들어 율곡은 "인간은 본성적으로 성인과 같은 도덕적 존재로 되어 가려는 도덕 의지를 가지고 있는 반면에 다른 한편 현실적으로는 물욕에 탐닉되기 쉬운 민감한 경향성 또한 가지고 있다. 이러한 극단의 자기 본능 사이에서 갈등하는 현실적 존재로서 인간에게 '인간 됨'이라는 '본질'을 이룰 수 있는 근본적인 단서가 자기 내부에 존재한다."158)라고 하였다. 도덕교육을 통해 도덕성을 함양한다는 말은 자기규제 능력을 함양한다는 말과 다르지 않다. 따라서 자기규제가 형성되는 메카니즘을 밝히는 일은 도덕성 함양을 목표로 하는 도덕교육의 핵심적인 과제이다.

비고츠키는 언어를 통해 인간의 자발적 행위를 설명한다. 자발적 행위의 근원은 어른과 아이의 의사소통이다. 즉 아이는 먼저 어른의 발화된 언어적 명령에 순종하고 발달 과정을 거치면서 아이는 이러한 개인 간 심리 활동이 자기 자신의 개인 내적 활동으로 변형된다는 것이다. 부모와의 사이에 존재했던 외적인 통제기능이 내적 언어를 통해 스스로에게 규제하는 명령으로 전환되는 것이다.

언어가 의사소통 기능과 더불어 지시적 기능이 있다는 말은 언어가 행동을 규제한다는 것을 의미한다. 이러한 의미에서 비고츠키에 있어서 자기규제란 곧 언어적 자기규제이다. 비고츠키의 언어적 자기규제 개념은 개인 간 국면으로 존재하는 외적인 통제기능이 개인 내 정신 기능으로 전환된 내적인 자기규제의 개념이다.

이러한 점에서 개인의 자기규제는 사람들 사이의 상호 작용의 결과로서 얻어지는 산물이며 자기규제의 준거 내용은 도덕이다. 도덕이 개인 내로 들어가는 통로가 바로 언어라는 것이다. 개인 간에 사회적 언어에 내포되어 있던 규제적 기능이 내적 언어화되면서 자기규제적 기

---

158) 이영경, 『율곡 윤리사상의 인성론적 탐색』, 세종출판사, 2001, pp.66-67.

능은 개인 내의 정신기능으로 전환되는 것이다.

그러나 이러한 전환의 개념은 외적인 통제기능이 내적인 통제기능으로 단순히 통제기능의 수동적인 측면으로 숙지 혹은 내면화된 것이라기보다는 능동적으로 환경에 자율적으로 적응해 갈 수 있는 능력까지를 포함한다. 이런 이유에서 외적 통제기능의 '내면화'라는 말보다는 '점유'나 '통합화'라는 용어를 사용한다.

비고츠키 관점에서 어른 혹은 또래와의 사회적 상호 작용을 통해 초보적 수준에서 이루어지는 도덕교육은 가치나 덕목의 내면화 과정이지만 이것이 자신에게 내면화되는 과정에서 점유로 변형된다. 즉 덕목이나 가치의 내면화는 그 내면화 과정에 머무는 것이 아니라 그 가치나 덕목이 현실적으로 어떤 도덕적 문제에 직면하게 되면 재구성의 과정으로 나타난다는 것이다.

셋째, 도덕교육에서 언어적 상호 작용의 중요성을 인식할 수 있었다. 비고츠키에 의하면 자기규제의 중요한 메카니즘이 언어이다. 비고츠키 관점에서 고등정신기능은 사회문화적인 기원을 갖는다. 반면에 초등정신기능은 생물학적인 기원을 갖는다. 이러한 맥락에서 고등정신기능의 한 측면인 도덕적 기능 역시 사회문화적인 기원을 갖는다. 그동안 도덕교육을 주도했던 인지발달론자(콜버그 등)들의 이성 중심의 보편적이며 초월적인 인식론적 담론과는 달리 비고츠키는 국지적 언어 중심의 사회문화적 관점을 중시한다.

이러한 도덕적 기능의 사회문화적 토대는 도덕적 기능의 발달이 사회문화의 내면화 과정과 관련된다. 도덕적 기능의 발달은 처음에는 개인 간 상호 작용의 사회적 국면에서 나타나고 그런 다음 개인 내의 심리적 국면에서 나타난다. 그리고 이때의 매개적 역할은 언어가 담당한다. 이러한 점에서 도덕적 행동은 언어에 의해 매개된 행동이다.

비고츠키는 언어와 사고와의 관계 분석을 통해 내면화 관계를 규명한다. 비고츠키는 피아제와는 달리 아동의 인지발달을 외적(사회) 언어의 내적 언어로 전환하는 데서 찾는다. 사고발달은 개인으로부터 사회로 진행하는 것이 아니라 사회로부터 개인으로 진행한다는 것이다. 이러한 점에서 내적 언어는 어떻게 개인 간 사회적 관계가 개인 내의 심리적 과정으로 변형되는가를 설명해 주며 따라서 내적 언어야말로 사고발달을 가늠할 수 있는 준거를 제공한다.

비고츠키에 의하면 초등정신기능이 환경의 통제에 지배되는 반면에 고등정신기능은 자기규제에 의해 지배된다. 고등정신기능으로서 내적 언어의 형성은 자기규제 능력을 의미하며 도덕적 기능과 관련하여 내적 언어는 자신과의 내적인 도덕적 대화로서 기능한다. 따라서 내적인 도덕적 대화로서의 내적 언어는 자신의 행동을 스스로 규제하는 역할을 한다. 어떤 도덕적 상황에 직면하여 내적인 도덕적 대화로서의 내적 언어는 행위에 앞서 자기 스스로와의 도덕적인 내면의 대화로서 자신의 행위를 조절하고 통제한다.

이러한 비고츠키의 도덕교육적 관점에 따르면 도덕교육은 도덕적 문제에 대한 대화를 통해 진행되어야 함을 말해 준다. 비고츠키의 사회문화적 관점에서의 도덕발달은 사회문화적 맥락에 의존하며 여기에는 언어의 매개적 역할이 중요하다. 말과 언어 그리고 담화 형태를 통한 사회적 의사소통과 사회적 관계의 과정이 개인의 도덕기능을 촉진한다. 특히 문화를 내면화하는 과정에서 사회적 상호 작용, 즉 대화는 불가결한 요소이다.

아동은 먼저 사회 규칙이나 행동의 기준에 대해 부모님이나 할머니, 할아버지, 보모 그리고 나이 많은 형제로부터 배우기 시작한다. 그리고 이때의 학습은 기본적으로 대화 중에 일어난다. 어른과 아동이 옳음과 그름, 좋음과 나쁨 그리고 해야 할 것과 하지 말아야 할 것에 관해 서로 대화를 시작하면서 도덕규범은 내면화된다. 어른이나 또래와의 대화를 통해 상호 작용하면서 아동은 자기만의 독특한 관점을 형성하게 되기 때문에 그러한 상호 작용은 아동의 도덕발달에 많은 영향을 준다. 다시 말하면 아동들은 오랜 기간 어른이나 또래와의 이러한 의사소통적 상호 작용의 과정을 거치면서 자기만의 내적인 가치관과 도덕적 관점을 획득하게 된다.

이처럼 도덕적 기능은 언어의 매개적 상호 작용을 통한 내면화의 역동적 결과로서 나타난다. 도덕적 기능의 발달은 외적 언어의 내적 언어로의 변환 과정이며 내적인 도덕언어는 그들 스스로를 나타내는 개인 내 정신 과정이다. 따라서 도덕발달은 개인 간의 외적 언어(대화)가 내적 언어(대화)로 변화하는 과정이며 이러한 과정은 언어적으로 매개된 사회적 관계 속에서의 의사소통적 대화를 필요로 한다.

이러한 관점에서 본다면 '도덕과 교육'은 교사에 의한 단순한 덕목이나 규범의 일방적인 설명이나 주입이 아니라 도덕적 문제에 대한 의사소통적 대화를 통한 '도덕과 교육'이 되어야 한다. '도덕과 교육'의 방법론적인 특성은 교사와 아동 혹은 아동들 간의 대화, 즉 도덕적 대화에 있다. '도덕과 교육'은 도덕적 이슈에 대한 논의를 통해 도덕적 문제를 해결하며 맹목적인 신념에 근거해서가 아니라 정당한 근거나 이유에 토대를 둔 도덕적 지식을 마련하도록 교육시키는 것이다. 이러한 시각에서의 도덕발달은 기본적으로 사회문화를 내면화함으로써 시작한다. 문화를 내면화하는 데 있어서 비고츠키는 언어에 관심을 둔다.

도덕적 행동은 언어에 의해 매개된 행동이기 때문에 도덕적 기능은 아동이 그가 자신의 행동과 타인의 행동이 '좋다 혹은 나쁘다, 옳다 혹은 그르다' 등을 해석하는 데 사용할 수 있는 도구로서 언어를 습득

할 때까지는 나타나기 어렵다. 이러한 의미에서 도덕발달과 언어발달은 병행적이며 특히 내적 언어의 발달은 도덕성의 진보를 측정하는 중요한 요소가 된다. 따라서 '도덕과 교육'에서의 덕목교육은 언어, 즉 이야기 형식을 통한 도덕교육으로서 도덕적 이야기 중심의 내러티브적 접근의 중요성을 일깨운다.

넷째, 언어적 자기규제가 형성되는 영역인 근접발달 영역에 관한 비고츠키의 이론은 도덕사회화 이론과 자율론적 접근의 도덕 이론의 대립을 조화시킬 수 있는 단초를 제공한다. 비고츠키에 의하면 도덕교육은 고등정신이 내면화되는 과정, 즉 외적 언어의 내적 언어로의 변형 과정과 이에 효과적으로 접근하도록 하는 방식에 관심을 기울일 필요가 있다. 도덕과 교육의 방법론적인 과제는 도덕사회화와 도덕추론 능력의 발달을 어느 한쪽에 편중됨이 없이 균형을 이루는 일이다. 따라서 도덕교육은 덕목교육을 강조해야 하지만 그렇다고 학생의 자율성을 위축시키는 방식은 곤란하다.

다시 말해서 도덕교육은 도덕사회화를 지향하되 학생들을 수동적 존재가 아닌 능동적 존재로 타율적 존재가 아닌 자율적 존재로 간주해야 한다. 또한 학생들의 자율성을 존중하되 상대주의를 극복하고 사회적 성향으로서의 자율성을 지향하도록 하는 접근 방식이 바람직하다. 이러한 관점에서 비고츠키의 사회적 구성주의적 관점은 도움을 준다.

비고츠키에 따르면 도덕발달은 언어적으로 중재된 사회적 관계의 내면화 과정을 요구한다. 개인 간 특히 어른이나 능력 있는 또래와의 상호 작용을 통해 가치나 덕목을 받아들이고 이를 토대로 자신의 도덕적 지식을 점유한다. 개인 간 상호 작용을 통해 가치를 내면화한다는 것은 단순히 가치나 덕목을 모방하는 차원이 아닌 자기 스스로 가치를 구성하는 능력까지를 포함한다.

또한 이러한 비고츠키의 도덕적 지식에 관한 점유의 개념은 도덕적 지식이 내면화되는 순간 동시에 상황에 맞는 새로운 도덕적 지식의 구성을 의미한다. 이렇게 볼 때 도덕적 지식의 점유는 그동안 도덕사회화와 도덕발달이라는 이분법적 접근을 무력화시킨다. 왜냐하면 도덕적 지식의 습득은 도덕의 지식의 내면화와 도덕적 지식의 구성을 동시에 함축하는 것이기 때문이다.

루리아는 이러한 자기 구성적 과정을 사이버네틱 모델과 재구심성의 개념으로 설명한다. 개인 간 상호 작용을 통해 가치가 내면화되는 과정은 단순히 주입되거나 모방되는 것이 아닌 가치의 내면화가 피드백 과정을 거치면서 동일한 가치의 내면화가 이루어지는 것이 아니라 결과 수용자에 의해 새로운 가치의 내면화 과정이 이루어지는 것이다.

어려서부터 규범에 대한 어른이나 동료와의 대화는 점차 규범에 대한 자신과의 내적인 대화 형태로 변화한다. 이 과정에서 문화적으로 규제된 상징체계는 개인적인 언어적 사고로 변형된다. 이러한 과정에서 아동은 외적인 것을 단순히 내면화하는 것이 아니라 사회세계에서의 경험을 토대로 자기 자신의 내적인 도덕적 사고의 수준을 창출한다.

외적인 언어가 개인 차원의 언어적 사고로 전환되면서 점차 아동 내부에서 내적 수준의 도덕적 사고가 형성된다. 이것은 외적 언어를 단순히 반복하여 암기해서 만들어진 것이 아니고 상황에 맞는 도덕규칙을 자기 자신의 말로서 창조한다는 것이다. 도덕적 기능이 사회문화적 기원을 갖되 내적 수준에서의 도덕적 사고는 내면화된 도덕언어가 그대로 나타나는 것이 아니라 상황에 맞는 자기규제의 능력을 구비한다는 것이다.

이렇게 본다면 비고츠키의 사회문화적 관점은 도덕사회화 이론을 함축하고 있다. 그렇다고 도덕사회화에만 머무르는 것도 아니다. 왜냐하면 외적 언어의 내면화를 통한 내적 대화로서의 자기 구성적 도덕 판단을 고려하고 있기 때문이다. 따라서 이러한 가치판단 능력의 함양은 개인적인 관점에서의 도덕적 판단이 아닌 사회문화적 관점을 고려한 사회적 성향으로서의 자율성을 지향하는 것이라 볼 수 있다.

또한 비고츠키에 있어서 중요한 경험적 문제는 동기의 문제이다. 즉 아동, 청소년, 어른들이 진정으로 도덕적 활동에 참여하도록 하는 동기는 무엇인가? 비고츠키는 언어적 사고의 내적 단계에 관한 분석의 마지막 단계는 사고를 넘어 느낌이나 의지로 이끈다고 주장하면서 동기와 사고 사이에 관한 문제를 제기한다.

> 사고는 이 과정에서 우월한 권능이 아니다. 사고는 사고에 의해 생기지 않는다. 그것은 동기에 의해 발생된다. …… 즉 우리의 욕구나 필요, 관심과 정서 모든 사고 뒤에 정서적, 의지적 경향성이 있고 그리고 그것은 사고의 분석에서 마지막 '왜'에 대한 대답을 보유하고 있다. 다른 사람의 사고에 대한 진정한 그리고 충분한 이해는 우리가 그것의 정서적, 의지적 토대를 이해할 때에만 가능하다.[159)]

따라서 비고츠키의 언어적 자기규제론에 내포된 도덕교육론적 함의는 인지적 차원에만 초점을 두기보다는 도덕적 삶의 인지적, 정서적, 의지적 차원을 포괄하는 도덕교육이라는 것이다. 이러한 그의 시각은 기본적으로 도덕발달의 통합적 관점을 제공한다. 비고츠키의 도덕발달의 사회문화적 관점은 과거의 인지 중심의 편향적 도덕발달관과는 대조적이다. 기본적으로 도덕적 자아의 대화적 개념에 대한 마음의 사회적 기원과 의미론적 중재에 관한 비고츠키의 통찰은 새로운 통합적

---

159) Vygotsky(1986), p.252.

도덕교육의 이론적 구조를 제시할 수 있는 비전을 제시하고 있다.

그러나 언어적 자기규제에 관한 비고츠키적 관점은 또한 많은 중요한 경험적 문제를 낳는다. 이는 구체적으로 내적 도덕적 대화의 특별한 구문론과 의미론적 특성에 관한 문제, 아동의 내적인 도덕적 대화와 외적인 상호 작용 사이의 관계에 관한 문제들,[160] 그리고 어른의 활동과 능력 있는 또래의 지도 방식과 관련된 문제들, 보편적 준거를 피하는 방식 속에서 도덕적 기능에 대한 발달 수준을 어떻게 접근할 것인지에 관한 분명히 더 많은 경험적 그리고 이론적인 활동이 요구된다.

---

160) 던(J. Dunn)은 이러한 문제와 관련된 부모-자식 간 의사소통적 상호 작용에 관한 흥미 있는 자료를 제공한다. 그녀는 18개월 된 아이의 느낌에 대한 모성과의 이야기 빈도와 24개월 된 이러한 아동들에 의한 내적상태에 관한 일련의 이야기 사이의 높은 상관관계를 발표한다. J. Dunn, "The beginnings of moral understanding: Development in the second year" In J. Kagan & S. Lamb (Eds.), *The emergence of morality in young children.* Chicago: Univ. of Chicago Press. 1987, pp.91-112. 스노우(C. Snow)가 제시했듯이 이러한 상관관계는 일반적으로 모성의 구문론적 특성과 아동의 언어 사이에 보고된 낮은 상관관계와는 대조를 이룬다. 부모는 "그들의 자녀가 어떻게 말하는가보다는 무엇을 말하는가에 보다 더 강력하게 영향을 줄 수 있다"고 스노우는 주장한다. C. Snow, "Language and the beginnings of moral understanding" In J. Kagan & S. Lamb(Eds.)(1987), p.115.

참고문헌

[국내서]

강인애,『왜 구성주의인가』, 서울: 문음사, 1997.

김현택 외,『현대심리학 이해』, 학지사, 2003.

남궁달화,『도덕교육론』, 철학과 현실사, 1996.

마거릿 보튼(저), 서창렬(역),『피아제』, 시공사, 2001.

문성학,『현대인의 삶과 윤리』, 형설출판사, 1998.

문용린,『도덕과 교육론』, 갑을출판사, 1988.

박병기, 추병완,『윤리학과 도덕교육』, 인간사랑, 1996.

박재주,『서양의 도덕교육사상』, 청계, 2003.

이성진,『교육심리학서설』, 교육과학사, 1997.

이영경,『율곡 윤리사상의 인성론적 탐색』, 세종출판사, 2001.

이영춘,『도덕과 교육』, 교육과학사, 1983.

이종호,『도덕과 교육론』, 형설출판사, 1987.

임병덕, 유한구, 이홍우,『초등학교 도덕과 교육론』, 교육과학사, 1992.

장상호,『발생적 인식론과 교육』, 교육과학사, 1999.

피아제(저), 송명자 외(역),『아동의 도덕판단』, 울산대학교출판부, 2000.

피아제(저), 송명자 외(역),『아동의 언어와 사고』, 중앙적성출판사, 1985.

한순미,『비고츠키와 교육: 문화-역사적 접근』, 교육과학사, 2000.

Bodrova, E. & Leong, D., Tools of Mind: The Vygotskian Approach
    to early Children Education, N.Y: Prentice-Hall, Inc, 1996, 김
    억환, 박은혜 (공역),『정신의 도구: 비고츠키 유아교육』, 이화

여자대학교 출판부, 1998.

Wertsch, J. V., 한양대 사회인지발달연구회 모임 (역), 『비고츠키 마음의 사회적 형성』, 정민사, 1999.

[국내논문]

김재식, "비고츠키의 근접발달대와 초등도덕과 교육", 『초등도덕교육』, 2001. 12.

김지현, "비고츠키의 지식점유과정과 언어매개기능에 관한 교육학적 고찰", 서울대학교대학원 박사학위논문, 2000.

남궁달화, "도덕과 교육 이렇게 하자", 『새교실』, 1990. 9.

남궁달화, "도덕과 수업모형의 이론과 실제", 『교육학 연구』, Vol.29. No.2, 1991.

배한동, "중학교 민주시민교육의 효율화를 위한 레스트의 도덕발달론적 접근", 『도덕윤리과교육』 제12호, 2000. 7.

송석재, "반두라의 행위 중심의 도덕교육론에 관한 연구", 한국교원대학교 대학원 박사학위논문, 2003.

이재호, "비고츠키 발달이론의 도덕교육적 함의", 『도덕교육연구』 제12권, 2호, 한국도덕교육학회, 2000. 11

정창우, "피아제와 비고츠키 이론의 도덕교육적 함의에 관한 연구", 『도덕윤리과교육』 제13호, 2001. 7.

조난심, "도덕교육의 목적으로서의 자율성", 서울대학교대학원 박사학위논문, 1991.

황해익·최혜진, "Vygotsky의 사회문화적 이론이 유아교육에 주는 시사: 비계설정과 역동적 평가, 『열린유아교육』, 2000. 11.

[외국서]

Allen, R. T., "Rational Autonoy: The destruction of freedom", *Journal of philosophy of education*, Vol.16, No.2, 1982.

Annett, J., *Feedback and human behavior*, Penguin Baltimore, 1969.

Bandura, A., *Social Learning Theory*, Englewood Cliffs, New Jersey: Prentice-Hall, Inc., 1977.

Buzzelli. C., *Morality in context: A sociocultural approach to enhancing young children's moral development*, Child and Youth Care Forum, 22, 1993.

Chafe, W. L., "Givenness, contrastiveness, definiteness, subjects, topics, and point of view", in C. N. Li, ed., *Subject and topic*. New York: Academic, 1976.

Cole, M., "The Zone of Proximal Development: Where Culture and Cognition Create Each Other", Edited by Wertsch, J. V., *Culture, Communication and cognition: Vygotskian perspectives*, Cambridge University Press, 1985.

Diaz, R. M., Neal, C. J., and Marina Amaya-Williams, "The social origians of self-regulation", in L. C. Moll, (ed), *Vygotsky and Education*, Cambridge University Press, 1990.

Dunn, J. "The beginnings of moral understanding: Development in the second year", In J. Kagan & S. Lamb (Eds.), The emergence of morality in young children. Chicago: Univ. of Chicago Press. 1987.

Harris, A., "Historical Development of the Soviet Theory of Self-Regulation", in Edited by Gail Zivin, *The Development of Self-Regulation Through Private Speech*, 1979.

Jonassen, D., "Objective vs Constructivism", *Educational technology research development*, 39(3), 1991.

Leontiev, A. N., "The development of voluntary attention in the child", in Edited by Peter Lloyd and Charles Fernyhough, *LEV VYGOTSKY Critical Assessments*, (Vol. Ⅰ) Vygotsky's theory, 1999a.

Leontiev, A. N. and Luria, A. R., "The psychological ideas of L. S. Vygotsky", in Edited by Peter Lloyd and Charles Fernyhough, *LEV VYGOTSKY Critical Assessments*, (Vol. Ⅰ) Vygotsky's theory, 1999b.

Luria, A. R., *The nature of human conflicts*, London: Liveright, 1932.

Luria, A. R. and Yudovich, *Speech in the development of mental processes in the child*, London: Staples, 1959.

Luria, A. R., *Language and cognition*, Edited by James V. Wertsch, Washington, D.C. 1981.

Luria, A. R., "Speech Development and the Formation of Mental Pross", In L. Peter & F. Charles, L. *Vygotsky: critical assessments*, London and New York, 1999.

Miller, G. A., Galanter, E., and Pribram, K. H., *Plans and the structure of behavior*, Holt, Rinehart & Winston, New York, 1960.

Mischel, W., *Introduction to Personality*, Holt Rinehart and Winston. Inc., 1971.

Moll, L. C.(Eds), *Vygotsky and Education: instructional implications of sociohistorical psychology*, Cambridge University Press, 1990.

Palincsar, A. S., "Social constructivist perspectives on teaching and learning", in H. Daniels(ed), *An Introduction to Vygotsky*, Routledge, 2005.

Piaget, J., *The Language and the Thought of the Child*, New York: Meridan, (Original work published 1924), 1971.

Snow, C., "Language and the beginnings of moral understanding", In J. Kagan & S. Lamb(Eds.), *The emergence of morality in young children*. Chicago:Univ. of Chicago Press, 1987.

Sokolov, E. N., *Inner speech and thought*, New York: Plenum, 1972.

Tappan, M. B., "Narrative, language, and moral experience", *Journal of Moral Education*, 20, 1991.

Tappan, M. B., "Language, Culture, and Moral Development: A Vygoskian Perspective", *Developmental Review*, 17, 1997.

Tappan, M. B., "Moral Education in the zone of Proximal Development", *Journal of Moral Education*, 27, 1998.

Valsiner, J. and Rene Van der Veer, "Lev Vygotsky and Pierre Janet: on the origin of the concept of sociogenesis", in Edited by Peter Lloyd and Charles Fernyhough, *LEV VYGOTSKY Critical Assessments*, (Vol. I). Vygotsky's theory, 1999a.

Valsiner, J. and Rene Van der Veer, "On the social nature of human cognition: an analysis of the shared intellectual roots of George Herbert Mead and Lev Vygotsky", in Edited by

Peter Lloyd and Charles Fernyhough, *LEV VYGOTSKY Critical Assessments*, (Vol. I). Vygotsky's theory, 1999b.

Vygotsky, L. S., *Thought and language*, Edited and translated by Eugenia Hanfmann and Gertrude Vakar, Cambridge, MA: The MIT Press. (Original work published 1934), 1962.

Vygotsky, L. S., Mind in Society: *The Development of Higher Psychological Processes* (Cole, M. John-Steiner, V. Scribner, S. & Souberman, E. Eds), Cambridge, MA: Harvard University Press, 1978.

Vygotsky, L. S., "The Instrumantal Method in Psychology", in J. V. Wertsch(1981), *The Concept of Activity in Soviet Psychology*, Armonk, N.Y: M. E. Sharpe, (Original Work Published 1930), 1981a.

Vygotsky, L. S., "The Genesis of Higher Mental Functions", In: J. V. Wertsch(Ed.), *The Concept of Activity in Soviet Psychology*, Armonk, NY; Sharpe, 1981b.

Vygotsky, L. S., "Thinking and Speech", In: R. Rieber & A. Carton(Eds), Minick, N(Trans.), *The Collected Works of L. S. Vygotsky, Vol.1: Problems of General Psychology*, (New York: Plenum, Press), 1987.

Wertsch, J. V., "The regulation of human action and the given-new organization of private speech", in G. Zivin (ed.), *The Development of Self-Regulation Through Private Speech*, A Wiley-Interscience Publication, 1979.

Wertsch, J. V., "The Zone of Proximal Development: Some

Conceptual Issues", In: B. Rogoff & J. V. Wertsch(Eds), *Children's Learning in The Zone of Proximal Development* (New Directions for Child Development, No.23), 1984.

Wertsch, J. V., *Vygotsky and the Social Formation of Mind,* Cambridge, M.A: Harvard University Press, 1985.

Wertsch, J. V., *Voices of the mind: A sociocultural approach to mental action,* Cambridge, MA: Harvard University Press, 1991.

Wozniak, R. H., "A dialectical paradigm for psychological reserch: implications drawn from the histotry of psychology in the Soviet Union", 1974, in Edited by Peter Lloyd and Charles Fernyhough, *LEV VYGOTSKY Critical Assessments,* (Vol.1), 1999a.

Wozniak, R. H., "Verbal Regulation of Motor Behavior-Soviet research and non-Soviet replication", in Edited by Peter Lloyd and Charles Fernyhough, *LEV VYGOTSKY Critical Assessments,* (Vol.II), London and New york, 1999b.

Zivin, G., "Removing Common Confusion about egocentric speech, private speech, and self-regulation", In G. Zivin (Ed.), *The Development of Self-Regulation Through Private Speech,* New York: Wiley, 1979a.

Zivin, G., "Historical Development of the Soviet Theory of Self-Regulation", In G. Zivin(Ed.), *The Development of Self-Regulation Through Private Speech,* New York: Wiley, 1979b.

부 록

비고츠키 '내적 언어'의 도덕교육적 함의[*]

I. 서 론

지난 얼마 동안의 도덕과 교육의 접근은 자율론적 접근이 주도했다. 피아제와 콜버그를 위시한 인지발달론자들이 중심이 된 자율론적 접근의 도덕과 교육은 학생들의 도덕사회화보다는 인지발달에 관심을 둔다. 이러한 도덕교육적 결과는 자연히 학생 개개인의 인지발달에 초점을 둠으로써 합리적인 가치판단 능력의 향상에는 어느 정도 기여했을지는 몰라도 심각한 개인적인 이기주의를 부추기는 결과를 가져와 공동체 의식의 결여는 물론 사회 전반에 걸쳐 나타나는 비도덕적 현상에 적극적으로 대처하지 못하였다는 비판에 직면하게 된다.

이 같은 만족스럽지 못한 도덕교육적 성과는 다시금 도덕과 교육을 인지발달보다는 도덕사회화를 겨냥하도록 하는 방식으로 나타났으며 이 것이 제7차 도덕과 교육에서의 덕 교육적 혹은 인격 교육적 접근으로 나타나게 되었다. 이러한 관점에서 제7차 도덕과 교육과정은 덕목교육을

---

[*] 이 논문은 한국윤리교육학회윤리교육연구 제3집(2003. 4)에 게재된 것을 수정 게재하였음

지향한다. 이러한 도덕교육적 방향 전환은 학생들의 자율적인 도덕성 함양보다는 도덕사회화에 보다 관심을 두는 것이다.

그러나 이때의 도덕사회화란 단순한 덕목의 맹목적 수용이나 적용이 아니라 덕목의 내면화를 통한 자기 구성적인 자율적 도덕성을 지향하는 기반으로서의 도덕사회화를 의미한다. 따라서 덕 교육적 접근에서의 덕목교육은 과거의 덕목주의와는 구별되는 것이며 이것은 넓은 의미에서 구성주의적 관점을 고려한다.

어쨌든 도덕교육이 덕목을 강조하고 도덕사회화에 관심을 둔다는 것은 도덕을 인지발달 과정 중에 자연적으로 나타나는 보편적 개념에 기초하기보다는 구체적인 사회문화적인 맥락으로부터 도덕의 기원을 구하는 것이다. 그동안의 도덕과 교육을 주도했던 자율론적 접근에서의 도덕성은 사회문화적인 상황과 맥락을 고려하기보다는 시공간을 초월하여 보편적으로 타당한 가치에 기초한 도덕교육이었다고 볼 수 있다. 이러한 도덕교육의 기초는 칸트(I. Kant)를 중심으로 하는 서양 철학적 전통을 계승한 것으로서 내용이 없는 너무 추상적이고 공허한 인식론적인 한계를 지니고 있어 구체적인 도덕적 상황에 적용하기 어렵다는 비판에 직면하게 된다.

한편 이러한 초월적이고 비역사적인 도덕교육적 관점과는 달리 인간의 정신기능을 사회문화적 맥락과 관련하여 파악하고자 하는 이론이 비고츠키(Lev Semenovich Vygotsky)를 중심으로 등장한다. 이들은 사회문화나 역사적 맥락과 인간의 행위를 관련짓고 인간 정신기능의 발달을 사회문화적 차원에서 다룬다. 비고츠키는 인간의 정신기능을 초등정신기능과 고등정신기능으로 나누고 고등정신기능의 사회적 기원을 다룬다. 그리고 고등정신기능의 발달을 이해하기 위해 사회문화적 맥락을 파악해야 함을 역설한다. 이러한 점에서 인간의 도덕적 기능과 같은 고등정신기능을 이해하기 위해서 사회문화적 맥락의 이해가 필수적이며 이러한 이해를 위해 사회문화적 맥락이 내면화되는 방식에 관심이 모아진다.

이와 관련하여 비고츠키는 인간의 고등정신기능을 형성하는 데 매개적 수단이 되는 언어에 관심을 기울인다. 인간의 고등정신기능의 발달은 사회문화적 맥락의 내면화를 통해 이루어지며 이러한 내면화 과정에 언어가 중재적 역할을 담당한다. 인간은 그 사회에서 사용되는 언어를 내면화함으로써 언어에 함축되어 있는 사회적 의미를 이해하게 되는 것이다. 즉 언어는 사회의 가치, 규범, 전통 등이 내면화되는 통로가 된다. 이러한 맥락에서 비고츠키는 언어와 사고와의 분석적 고찰을 통해 고등정신기능의 발달을 파악하고자 하였다. 내적 언어분석은 이러한 언어분석의 핵심적 통찰이다.

이처럼 도덕을 사회문화적 기원에서 찾고 도덕적 기능을 언어에 의해 중재된 행위로 간주하는 도덕교육적 관점은 오늘날의 도덕교육의 핵심적 쟁점인 도덕사회화와 도덕적 추론 능력의 발달에 관한 조화롭지 못한 도덕교육적 방법에 대한 많은 시사점을 제공한다. 이러한 관점에서 본고에서는 비고츠키의 사회문화적 관점에 기초한 도덕적 기능의 발달 과정을 그의 내적 언어의 분석을 통해 도덕교육적 접근 방식에 대한 교육적 시사점을 찾아보고자 한다.

Ⅱ. 도덕적 기능의 사회적 기원

지식에 대한 비고츠키 견해의 뿌리는 마르크스(K. Marx)에서 연유된다. 마르크스는 인간의 과학과 도덕을 포함한 모든 이론은 그 시대의 사회 · 역사적 상황에 의해 결정되는 것으로 본다. 이러한 마르크스의 주장은 최근에는 쉘러(M. Scheler)와 만하임(K. Mannheim)에 의해 과학적 지식의 사회적 결정 이론의 지식사회학으로 발전한다. 인간의 지식은 사회에 의해 만들어지며 인간의 지능은 지식의 근원인 사회와의 상호 작용을 통해 발전한다는 것이다.

마르크스의 이러한 주장은 비고츠키에 고스란히 계승되어 비고츠키 역시 고등정신기능의 기원을 사회문화적 맥락에서 찾는다. 그에 의하면 인간의 지식은 타고나는 것이 아니라 형성되는 것으로 본다. 이러한 점에서 피아제(J, Piaget)에의 견해에 동조한다. 그러나 피아제가 지능의 근원을 생물학적 적응에서 찾으려 했던[1] 반면에 비고츠키는 지능의 기원을 사회문화적 관점에서 찾는다. 그는 사회적 상호 작용을 통해 개인 간 정신기능이 개인 내 정신기능의 형태로 발달한다고 주장한다.

비고츠키에 있어서 정신과정은 개인 내부(개인 내)에만 존재하는 것이 아니라 사람들 사이(개인 간)에서 발생할 수 있다. 아동들은 사람들 사이의 정신과정을 나누고 상호 작용함으로써 하나의 정신과정을 배우고 습득한다. 타인과의 상호 작용을 통해 공유한 경험을 가진 뒤에야 비로소 그 정신과정은 개인의 내부적인 것이 되는 것이다. 이렇듯 개인 내 정신과정은 처음에는 사람들 간에 서로 공유된 공간 속에 존재하다가 나중에 개인의 수준으로 옮겨지는 것이다.

비고츠키는 개인 간 정신기능이 개인 내 정신기능으로 발달하는 과정을 내면화의 개념으로 설명하고 발달이 일어나는 두 가지 노선, 즉 자연

---

1) 피아제는 지능도 고차적인 적응의 한 형태로 파악하였다. 지능은 하나의 구조로 존재하며 적응과 조직화라는 기능을 통해 더 능률적이고 발전된 구조를 획득한다. 지적 발달이란 결국 지능의 구조가 저차원적 구조에서 고차원적 구조로 변화해 가는 것이며 피아제의 발생적 인식론은 이 과정을 탐구하기 위한 것이다.

적 발달과 문화적 발달로서 고등정신기능의 발달을 설명한다. 자연적 발
달은 생물학적 성장과 정신적 구조의 성숙을 의미하며 문화적 발달은 문
화적 수단을 배우고 활동에 참여할 때 나타나는 인간의 의식을 의미한다.
자연적 발달은 초등정신기능과 관련되며 문화적 발달은 초등정신기능을
고등정신기능으로 전환시킨다. 따라서 초등정신기능은 생물학적 기원을
갖고 고등정신기능은 사회문화적인 기원을 갖는다.[2]

　고등정신기능은 개인 간 정신기능이 개인 내 정신기능으로 내면화
되는 사회적 관계에 그 기원을 둔다. 비고츠키에 의하면 개인의 고등
정신기능은 개인 간 사회적 상호 작용을 통해 내면화되고 발달한다.
고등정신기능의 사회적 기원에 관한 비고츠키의 주장은 워치(J.
Wertsch)에 의해 '문화적 발달의 일반 법칙'으로 명명된 것에 의해 간
결하게 요약된다.

　　아동의 문화발달에 있어서 어떤 기능은 두 배로 혹은 두 단계로
　나타난다. 첫째, 그것은 사회적 단계에서 나타나고 그런 다음에 심
　리적 단계에서 나타난다. 먼저 그것은 개인 간 심리적 범주로서 사
　람들 사이에 나타나고 그런 다음 아동 내에서 개인 내적 심리 범
　주에서 나타난다. …… 우리는 이러한 입장을 말의 충분한 감각 속
　에 있는 법칙으로서 고려할 수 있다. 그러나 그것은 내면화가 과정
　자체를 변형하고 그것의 구조와 기능을 변화시킴은 말할 나위가
　없다. 사회적 관계나 사람들 사이의 관계는 발생적으로 모든 고등
　기능과 그들의 관계에 토대가 된다.[3]

---

2) L. S. Vygotsky, *Mind in Society: The Development of Higher
　Psychological Processes* (M. Cole, V. John-Steiner, S. Scribner & E.
　Souberman, Eds), Cambridge, MA: Harvard University Press, 1978, p.46.
3) L. S. Vygotsky, "The genesis of higher mental functions", In J.
　Wertsch(Ed.), *The Concept of Activity in Soviet Psychology*, Armonk,
　NY: M. E. Sharpe, (Original Work Published 1960) 1981, p.163.

비고츠키의 주장에 의하면 아동의 고등정신기능의 발달 과정은 첫째, 다른 사람들과의 상호 작용을 하는 가운데 나타나고 둘째, 아동이 고등정신기능을 내면화함으로써 아동 내에 나타난다는 것이다. 이처럼 비고츠키는 개인 행위의 근본을 사회적 과정에 기원을 둔다. 사회적 과정이 근본적이고 일차적인 것으로서 의식의 전제 조건이 되는 것이다. 따라서 사회적 행위는 고등정신기능의 선결 조건이며 인간의 고등정신기능이란 본질적으로 사회적 기능이다. 이러한 관점에서 비고츠키는 인간의 고등정신기능의 기원을 사회에 두고 있는 것이다. 그리고 그는 인간 정신기능을 사회적 기능과 심리적 기능으로 나누고 인간의 정신기능이 사회적 수준에서 심리적 수준으로 변형되는 과정을 내면화로 본다.

비고츠키에 있어서 개인 간 정신기능이 개인 내 정신기능으로 내면화하는 과정은 매우 중요하다. 피아제가 내면화를 아동과 물리적인 세계와의 상호 작용에 의한 자연적 발달에 의한 것으로 간주하는 반면에 비고츠키는 내면화를 오직 고등정신기능의 발달에 적용되는 것으로서 사회문화적 노선과 관련되는 것으로 본다. 따라서 고등정신기능의 내적인 형태는 외적인 형태와 밀접한 관련을 맺고 있다.

고등 형태로 있는 내적인 모든 것은 반드시 외적인 것이었다. 즉 현재 어떤 사람에게 있는 것은 다른 사람에게 있었던 것이다. 어떤 고등정신기능이라도 그것이 처음에는 사회적 기능이었기 때문에 그 발달에 있어서 반드시 외적 단계를 거친 것이다. …… 우리가 어떤 과정을 말할 때 외적이라고 하는 것은 사회적인 것을 의미한다. 어떤 고등정신기능도 진정으로 내적인 정신기능이 되기 전의 어떤 시점에서는 사회적이었기 때문에 외적이다.[4]

---

4) *Ibid.*, p.162.

내면화란 외적인 수준에서 수행되어 왔던 활동 유형이 내적인 수준에서 실행되는 과정으로서 개인 간 정신기능이 개인 내 정신기능으로의 내면화는 사회적 현상이 심리적 현상으로 변형되는 과정이다. 이처럼 비고츠키에 있어서 개인의 고등정신기능의 원천은 사회문화적 관점에 그 기반을 두고 있으며 고등정신기능의 형성은 내면화 과정을 통해 개인 간 정신기능이 개인 내 정신기능으로 변형되는 것이다.

이러한 관점에서 도덕적 기능 역시 고등정신기능의 한 부분으로서 사회문화적 관점에 기초한다. 사회 내에서 사람들과의 공유된 도덕적 가치나 규범에 대한 상호 작용을 통해 그것이 개인 내의 정신기능으로 내면화할 때 도덕적 기능은 획득되는 것이다. 그리고 나아가 외적인 것의 내적인 것으로의 단순한 내면화에서 그치는 것이 아니라 사회적 세계에서의 경험을 토대로 그들 자신의 도덕적 사고, 느낌, 행위에 대한 내적 단계를 창조적으로 발전시킨다. 그러면 개인 간 정신기능이 개인 내 정신기능으로의 내면화가 어떻게 일어나는지를 살펴보자.

Ⅲ. 도덕적 기능의 언어적 매개

문화의 내면화는 매개기제를 통한 개인 간의 상호 작용으로 이루어진다. 비고츠키의 매개에 대한 개념은 마르크스와 엥겔스의 영향에 힘입은 바 크다. 비고츠키는 엥겔스의 노동 활동에 필요한 도구적 매개의 개념을 확장하여 이를 생산의 기술적 도구(technical tool)와 심리적 도구(psychological tool)의 개념에 적용하였다.[5] 비고츠키는 심리

---

5) J. V. Wertsch, *Vygotsky and the Social Formation of Mind*, Cambridge, M.A: Harvard University Press, 1985, p.77. J. V. Wertsch 저, 한양대 사

적 도구의 의미론적 그리고 의사소통적 특성을 강조하면서 기호라는
용어를 사용한다. 그리고 그는 인간의 의식을 분석하는 적절한 방법을
기호의 의미 분석으로 보았다. 기호의 매개기능에 대한 비고츠키의 견
해는 다음과 같다.

> 기억하기, 비교하기, 보고하기, 선택하기 등의 심리적 문제들을
> 해결하는 보조 수단으로서 기호를 발명하고 이용하는 것은 심리적
> 측면에서 도구를 발명하고 이용하는 것과 유사하다. 기호는 노동에
> 서의 도구의 역할과 유사한 방법으로 인지 활동에서의 도구로 작
> 용한다. …… 기호와 도구의 기본적인 유사점은 그것들 각각이 매
> 개기능을 갖는다는 점이다. …… 도구는 외부 지향적이며 대상에
> 변화를 초래한다. 도구는 자연을 숙달하고 이겨내며 목적을 달성하
> 려는 인간의 외적 활동의 수단이다. …… 한편 기호는 자신을 숙달
> 시키려는 목표를 갖는 내적 활동의 수단으로서 내부 지향적이다.[6]

비고츠키에 의하면 심리적 도구, 즉 기호들(언어, 다양한 계산체계
들, 상징체계들, 도식, 도표, 지도 등을 포함)의 공통된 몇 가지 특성을
밝히고 있다. 첫째는 심리적 도구는 정신기능을 질적으로 변형시킨다
는 것이다.

> 행동 과정에 포함됨으로써 심리적 도구는 정신기능의 완전한 흐
> 름과 구조를 변경한다. 기술적 도구가 노동 작업의 형태를 결정함
> 으로써 자연적인 적응의 과정을 변경하듯이 심리적 도구는 새로운
> 도구적 행위의 구조를 결정함으로써 변경한다.[7]

회인지발달연구회 모임 역, 『비고츠키: 마음의 사회적 형성』, 정민사, 1999,
p.91.

6) L. S. Vygotsky, *Mind in Society: The Development of Higher Psychological
Processes* (Cole, M. John-Steiner, V. Scribner, S. & Souberman, E. Eds),
Cambridge, MA: Harvard University Press, 1978, pp.52-55.

그에 의하면 심리적 도구의 기능은 정신기능을 촉진할 뿐만 아니라 정신기능을 변형시킬 수 있으며 발달을 점진적인 양적 증가의 흐름으로 보지 않고 심리적 도구의 변화와 관련한 근본적인 질적인 변화로 보았다. 비고츠키의 의미론적 중재의 개념은 일련의 증가된 양적인 변화로서 개체 발생을 계획하는 것이 아니라 오히려 기본적인 양적인 변형이나 혹은 사람이 접근할 수 있는 심리적인 도구에 있어서 변화와 결합된 일련의 혁명으로서 계획한다.

심리적 도구의 두 번째 특성은 본질적으로 개인적인 것이 아니고 사회적인 것이라는 것이다.[8] 워치에 의하면 여기에는 두 가지 의미가 내포되어 있다고 본다.[9] 첫째는 심리적 도구들은 사회문화적 산물이라는 점에서 사회적이라는 것이다. 심리적 도구들은 개인에 의해 만들어지거나 개인이 자연과 상호 작용하는 가운데 발견한 것도 아니며 그렇다고 본능이나 무조건적인 반사에 의해 유전된 것도 아니라는 것이다. 대신에 심리적 도구의 접근은 개인이 사회문화적 환경의 일부가 됨으로써 가능하게 된다는 것이다.

비고츠키가 심리적 도구가 사회적이라고 하는 데 내포된 두 번째 의미는 개인의 의사소통 상황의 역동성을 강조하면서 대면적 의사소통과 사회적 상호 작용과 같은 국지적인 사회현상에 관심을 가졌다는 것이다. 이 점은 기호는 처음에는 사회적인 목적을 위해 사용되는 수단으로서 타인에게 영향을 주는 수단이다가 나중에는 자기 자신에게 영향을 주는 수단이 된다는 것이다.[10] 비고츠키의 이러한 견해는 언

---

7) L. S., Vygotsky, "The Instrumantal Method in Psychology", In J. Wertsch(Ed.), *The Concept of Activity in Soviet Psychology*, Armonk, NY: M. E. Sharpe, (Original Work Published 1930) 1981, p.137.

8) *Ibid.*, p.137.

9) J. V. Wertsch, *Vygotsky and the Social Formation of Mind*, Cambridge, M.A: Harvard University Press, 1985, p.95.

어에 대한 견해에도 비슷하게 나타나는데 언어의 일차적인 기능은 의사소통을 하고 사회적 접촉을 하며 주변 사람들에게 영향을 미치는 것이라고 주장한다.11)

인간은 자연으로부터 자극에 반응할 뿐만 아니라 그 자극을 능동적으로 변형시키고 그 변형을 행동의 도구로 삼는다. 그러므로 인간의 정신 활동은 도구에 의해 매개된 반응이다. 비고츠키는 언어도 인류가 만들어 낸 중요한 도구로 간주하고 도구를 통해 매개된 반응이란 자극에 대한 무조건반사가 아니라 도구를 사용하여 스스로의 행동을 조직한다는 뜻이다. 그에 의하면 아동이 아동 자신의 행동을 새롭게 조직할 때는 그와 동시에 주위 환경과의 새로운 관계를 설정하게 되며 이 같은 인간 특유의 행동 양식으로 지능이 나타난다는 것이다. 아동이 배우게 될 정신적 물리적 도구는 사회문화적으로 조직되며 인류의 오랜 역사를 통해 창조되고 발달된다. 따라서 인간 행동에 대한 연구는 바로 이 도구의 내면화 과정의 탐구인 것이다.

비고츠키에 있어서 중요한 심리적 도구는 언어이다. 언어는 모든 인간 문화에서 보편적으로 볼 수 있는 심리적 도구이다. 언어는 각 문화의 모든 구성원들에 의해 창조되고 공유되기 때문에 문화적인 도구이며 각 구성원들이 사고하기 위해 사용하기 때문에 정신의 도구이다. 또한 언어는 다른 도구의 획득을 촉진하고 여러 정신적 기능들을 위해 사용되는 기초적인 도구이다.

> 모든 고등정신기능은 매개된 과정이다. 기호는 그러한 과정을 숙달하고 지시하는 데 사용되는 기본 수단이다. 매개하는 기호는 전체 정신구조의 과정에 있어서 필수불가결한, 따라서 실제로 중추적

---

10) L. S. Vygotsky, In J. Wertsch(Ed.)(1981), op. cit., pp.157-158.
11) *Ibid.*, pp.80-81.

인 부분으로 통합되어 존재하게 된다.12)

정신기능의 언어적 중재에 대한 이러한 비고츠키의 견해는 도덕발
달의 과정을 이해하는 데 매우 중요하다. 왜냐하면 비고츠키의 관점에
서 도덕적 행위는 언어에 의해 중재된 행위이다. 사람들에 의해 도덕
적이라고 고려된 행위에는 특별한 의미가 그 행위와 틀림없이 결합되
어 있음을 의미한다. 도덕적 행위는 특별한 사회문화적 맥락 속에서
'도덕적' 혹은 '비도덕적'으로 이해되는 방식 속에서 사람들이 행동하고
느끼고 생각할 수 있게 하는 심리적 도구의 사용으로 언제나 수행된
다. 따라서 '도덕적'이라는 말은 문화를 구성하는 이해와 공유된 가정
으로부터 발생한 행위에 대한 해석이기 때문에 도덕적 기능은 언어에
의해 중재된 행위이며 이때의 언어는 국지적 언어이다.

이러한 주장은 오우크쇼우트(M. Oakeshott)의 견해에서도 나타난다.
그에 의하면 도덕성이란 기본적으로 인간 상호 작용을 촉진하는 행동
의 유형이나 혹은 실천이라고 주장한다.13) 도덕적 실천을 구성하는
조건들은 인간 행위에 관한 교훈이나 법칙이 아니며 공유된 가치체계
로서 구체적인 어떤 것을 구성하는 것도 아니다. 그것들은 일상 회화
적 교제의 국지적 언어를 구성한다.

따라서 도덕성은 일반적인 원리의 체계나 규칙도 아니라 국지적
인 언어이다. 일반적인 원리나 규칙은 그것으로부터 이끌려질 수
있지만 (다른 언어처럼) 그것은 문법주의자의 창조가 아니다. 그것

---

12) L. S. Vygotsky, *Thought and language*, Edited and translated by
Eugenia Hanfmann and Gertrude Vakar, Cambridge, MA: The MIT
Press. (Original work published 1934), 1962, p.56.
13) M. Oakeshott, *On Human Conduct*, Oxford, UK: Clarendon Press, 1975.
p.63.

은 화자에 의해 만들어진다. …… 그것은 행위에 관한 판단을 형성
하고 소위 도덕적 문제를 해결하는 장치가 아니라 생각하고 선택
하고 행동하고 말하는 것에 의한 실천이다[14].

이러한 의미에서 언어는 기본적으로 실용적이라고 오우크쇼우트는
주장한다. 따라서 도덕적 기능을 도덕적 실천 활동 혹은 도덕적 활동
으로 이해할 수 있다. 이러한 점에서 도덕적 기능은 기본적으로 사람
이 생각하고 느끼고 행동하는 방식을 형성하는 국지적인 도덕언어에
의해 중재된다. 더욱이 이러한 국지적인 도덕언어는 같은 활동을 공유
하며 유사한 사회적 도덕적 실천에 종사하는 사람들에 의해 형성된다.
그리고 이러한 공유된 활동은 사람들로 하여금 그들이 스스로 혹은
서로서로 도덕적 문제에 관해 의사소통하는 수단에 의해 언어의 진술
된 유형을 이해하게 할 수 있다. 만약 그들이 이러한 활동을 공유하지
못한다면 그들은 공통된 도덕언어를 공유하지 못한다.

공유된 활동으로부터 나타난 일상적인 국지적 언어의 수단에 의해
수행된 의사소통에 관한 비고츠키의 예는 다소 더 세속적 - 완전히 똑
같은 유일한 형용사를 구성하는 6명의 술 취한 노동자들 사이의 도스
토예프스키에 의해 보고된 대화 - 이지만 그럼에도 불구하고 그것은
일반적이고 일상적인 말이 사고와 느낌 그리고 행동을 중재하는 과정
을 아주 잘 인용하고 있다[15].

---

14) *Ibid.*, pp.78-79.
15) 대화는 항상 파트너와 축약된 언어를 인정하는 주어에 대한 충분한 지식
과 어떤 조건하에서 순수하게 술어적 문장을 전제한다. 그것은 또한 각자
그의 파트너 그들의 얼굴 표정 그리고 제스처를 볼 수 있고 그들의 목소
리의 억양을 들을 수 있다는 것을 가정한다. 이에 대해 비고츠키는 도스
토예프스키가 어느 작가의 일기라는 고전적인 예를 통해 인용한 바를 재
인용하면서 이를 설명하고 있다. L. S. Vygotsky, op. cit., 1962,
pp.142-144 참조.

Ⅳ. 도덕적 대화로서 내적 언어

1. 언어와 사고와의 관계

비고츠키의 관점에서 도덕적 행위란 언어에 의해 중재된 행위이다. 이것은 도덕발달과 언어와는 밀접한 관계가 함축되어 있음을 의미한다. 따라서 인간의 도덕발달을 이해하기 위해서는 언어와 사고와의 관계를 파악할 필요가 있다. 피아제가 언어가 사고발달을 촉진하기는 하지만 유일한 근원이 아니라고 보는[16] 반면에 비고츠키는 언어를 사고발달에 불가결한 것으로 파악한다.

비고츠키에 의하면 언어와 사고는 서로 독립된 노선을 따라 발달하다가[17] 약 2세가 되면 둘은 통합되어 언어적 사고가 나타나며 사고는

---

[16] 피아제는 언어와 사고와의 관계를 세 단계로 나누어 파악하고 있다. 첫째 단계는 언어가 습득되는 단계로서 언어는 대상의 속성과는 무관하며 한 사회에서 관습적으로 사용되는 기호체계로 본다. 아직 사회화가 덜 된 7-8세 이전의 아동은 언어 이외의 다른 상징체계를 필요로 한다. 이때의 아동은 언어 없이도 표상할 수 있으며 다른 상징체계들이 오히려 언어 습득을 돕는다. 둘째 단계는 구체적인 논리적 조작이 나타나는 단계로서 7-11세 사이의 연령에 해당한다. 아동들은 언어화하기 이전부터 집합이나 관계들에 관한 조작을 할 수 있다. 그러나 조작의 발달이 그 자체의 평형의 법칙에 의해 지배받기 때문에 언어만으로써는 조작의 발달을 설명할 수 없다. 셋째 단계는 명제적 조작을 할 수 있는 단계로서 11-12세 아동에 나타나며 여기에서는 함의, 선언, 상반 등과 같은 개념의 발달이 이루어진다. 이 같은 피아제의 언어와 사고와의 세 단계는 사고의 구조는 언어보다 더 깊은 곳에 있는 행동과 감각 동작적 기제에 그 근원을 두고 있기에 언어로서 사고를 설명하기에는 불충분하다. 따라서 언어와 사고는 상호 의존적 관계를 가지며 둘은 모두 언어에 선행하는 지능에 의존하고 있다.

[17] L. S. Vygotsky(1962), op. cit., p.33, p.43.

언어화되고 말은 합리적으로 된다. 비고츠키는 사고 없는 언어와 언어 이전의 사고를 모두 상정하고 언어 이전의 사고를 실용적 지능으로 그리고 언어와 결합된 이후의 사고를 고등정신기능이라고 명명하였다.[18] 그리고 그는 전자의 근원은 생물학적인 것에서 구하려 했고 후자의 근원은 사회문화적인 것에서 찾으려 하였다.

고등정신기능은 서로 다른 근원을 가진 사고와 말의 곡선이 나란히 발달하다가 통합과 분리를 되풀이하는 실용적 지능과 언어의 변증법적 통합으로서 파악하였다. 따라서 비고츠키에 있어서 사고의 발달은 언어와 분리해서 생각할 수 없다.

> 사고와 말에 대한 발생적 연구를 통해 밝혀진 가장 중요한 사실은 이들의 관계가 많은 변화를 겪는다는 것이다. 사고의 진보와 말의 진전은 병행적인 것이 아니다. 이들의 성장 곡선은 교차하고 또 다시 재교차한다. 둘은 평행적으로 달리기도 하고 어떤 때에는 병합되기도 한다.[19]

그에 의하면 언어발달은 다른 정신적 조작의 발달과 같은 과정을 밟는다고 보며 이는 네 단계를 거친다.[20] 첫째 단계는 원시적 혹은 자연적인 단계로서 전-지적 언어(pre-intellectual speech)와 전-언어적 사고 (pre-verbal thought)에 해당되며 이때의 조작은 가장 초보적인 수준의 행동이 변형됨이 없이 그대로 나타난다. 둘째 단계는 소박한 심리의 단계로서 아동은 자기 신체와 주위 사물 간의 접촉을 통한 물리적 경험을 하게 되고 이 경험을 도구 삼아 실용적 지능으로 처음 실행에 옮긴다. 이 단계는 아동의 언어발달에서 현저하게 나타난다.

---

18) *Ibid.*, p.56.
19) *Ibid.*, p.33.
20) *Ibid.*, pp.46-47.

아동들은 인과적, 조건적, 시간적 관계를 파악하기 이전부터 '~ 때문에 만약, ~할 때에'라는 말을 사용한다. 세 번째 단계에서는 자기 내부의 문제 해결을 위해 신체의 일부나 기호의 보조물을 사용한다. 예를 들면 손가락으로 셈을 한다든가, 기억을 위해 다른 보조물을 이용하기도 한다. 이 시기의 언어는 자기중심적 언어로 특징 된다. 넷째 단계는 내적 성장의 단계로서 아동은 내재적 관계나 내적 기호 등을 사용하여 머릿속으로 조작한다. 이때의 언어는 최종 발달 단계인 내적 언어의 단계이다.

이러한 언어발달이나 조작 능력의 방향은 유기체의 외부에서 내부로 진행된다는 점에 주목할 필요가 있다. 이것은 언어와 실용적 지능이 공동으로 조작 능력의 발달에 참여하기 때문이다. 이처럼 사고와 언어와의 관계가 밀접히 관련되어 있음에도 불구하고 많은 심리학자들은 이를 간과했다고 그는 지적한다. 자기중심적 언어에 대한 피아제의 설명도 아동의 적응 행동과 기호 사용이 서로 얽혀 있는 것으로 보지 않고 각각 평행적으로 발달하는 것으로 보고 있다고 비판한다.

비고츠키에 의하면 실용적 지능과 기호 사용이 아동에게는 서로 독립적으로 작용한다 하더라도 성인에게는 이들 체계의 변증법적 통합이 복잡한 인간 행동의 본질이 된다. 언어는 아동이 자신의 행동을 조직하는 도구일 뿐만 아니라 사회화에 결정적인 역할을 한다. 고등정신기능은 언어를 내면화함으로써 실용적 지능을 사회화된 지능으로 변환해 놓은 산물이다.

그러므로 실용적 지능의 단계를 넘어서면 사고발달에서 언어의 역할은 중요해진다. 아동은 언어를 내면화할 때 언어에 내포되어 있는 사회적 의미를 동시에 내면화한다. 이렇게 본다면 사회의 가치나 도덕 혹은 전통이 내면화되는 통로가 되는 것은 바로 언어이다. 따라서 사고발달은 사회의 문화적 구조를 반영하게 되며 사회문화적 맥락에 의존하게 된다.

> 아동의 지적인 성장은 사고의 사회적 수단, 즉 언어를 숙달하는 것에 의존한다. …… 만약 우리가 보아왔듯이 내적 언어와 언어적 사고의 발달과 더불어 어린 아동에 있어서나 동물에 있어서 모두 독립된 노선을 따라 발달한다는 초기의 언어와 지력발달에 대해 비교해 본다면 우리는 나중 단계는 단순한 초기 단계의 연속이 아니라는 결론에 도달함이 틀림없다. 발달의 본성 자체는 생물학적인 것으로부터 사회 역사적인 것으로 변한다. 언어적 사고는 행동의 타고난 자연적인 형태가 아니라 사회문화적인 과정에 의해 결정되며 사고와 언어의 자연적인 형태 속에서 발견될 수 없는 법칙과 구체적인 속성을 갖는다. 일단 우리가 언어적 사고의 역사적 특성을 인정하기만 한다면 우리는 그것을 모든 전제에 종속되는 것으로 고려해야 한다. …… 그것은 인간 사회에서 어떤 역사적 현상임에 틀림없다.[21]

처음에 언어는 비지적(非知的)이며 사고는 비언어적(非言語的)이다. 그러나 어떤 점에 있어 두 노선은 만나고 언어적 사고는 나타난다. 이것이 계통 발생에 있어 전환점이다. 이로부터 언어는 불가피하게 사고와 연결되며 아동들에 의해 숙달된 내적 언어는 아동 사고의 기본구조가 된다.

2. 사적 언어(私的 言語)와 내적 언어(內的 言語)

비고츠키는 고등정신기능의 발달 과정을 아동의 언어와 사고와의 관계를 탐구함으로써 분명히 밝히려 하였다. 고등정신기능의 사회적

---

21) *Ibid.*, p.51.

기원으로 개념화할 수 있는 비고츠키 발생의 일반 법칙은 언어의 경우에도 그대로 적용된다. 고등정신기능의 개인 간 국면(個人 間 局面)과 개인 내 국면(個人 內 局面)은 언어에 의해 동시에 매개되고 연결된다. 비고츠키는 언어가 전환되는 것이라는 증거를 아동의 사적 언어(자기중심적 언어)에서 찾는다. 아동의 자기중심적 언어는 개인 간 기능으로부터 개인 내 기능으로의 전이, 즉 아동의 사회적, 집단적 행위로부터 보다 개별화된 행위로의 전이의 한 현상으로서 언어발달의 경로를 보여준다.

대개 7세 이전의 아동들은 가끔 그들이 누구에게 말하고 있는지 또는 누가 듣고 있는지 상관하지 않고 오직 자신에 관해서만 이야기하는 경우가 있다. 다시 말해서 어린 아동은 다른 사람이 그 의미를 알기 어려운 말을 혼자서 중얼거리는 현상을 자주 보인다. 이것이 사적 언어(자기중심적 언어)[22]이다. 피아제는 아동의 사적 언어를 발달적으로 사고의 미성숙한 본성을 반영하기 때문에 자기중심적이라 불렀다. 7-8세 이하의 아동은 타인과의 의사소통을 함에 있어서 관심이 결여되어 있고 타인의 관점을 고려하지도 못하며 아동들 사이에 진정한 사회적 생활이나 지속적인 사회적 교제가 이루어지기 어렵다는 것이다.[23] 따라서 피아제의 자기중심적 언어는 아동발달에 긍정적인 기여를 하지 못한다고 보았다. 피아제에 있어서 사적 언어는 자기중심적

---

22) 피아제는 아동의 언어를 사회화된 비사실적 언어(자기중심적 언어)와 사회화된 사실적 언어로 나누고 자기중심적 언어를 반복, 독백, 집단 독백의 세 가지로 나누었다. 그리고 사회적 언어는 적응된 정보, 비판, 명령, 요구, 응답으로 나누었다. J. Piaget, *The Language and the Thought of the Child*, New York: Meridan, (Original work published in 1924), 1971, 송명자 외 (공역), 『아동의 언어와 사고』, 중앙적성출판사, 1985, pp.37-40.

23) *Ibid.*, pp.40-45.

사고[24]의 부수 현상이며 인지발달은 아동이 점차 사회화됨에 따라 진행된다고 보았다.

이와는 달리 비고츠키는 사적 언어는 아동발달에 있어서 매우 중요한 역할을 한다고 주장한다. 그는 아동의 사적 언어를 사회적 언어가 개인의 정신기능을 매개하는 내적 언어로 전환하는 전이적 단계로 다룬다. 비고츠키에 있어서 사적 언어는 아동의 인지적 미성숙의 부산물 이상인 인지발달의 긍정적 징후이다.

> 얻어진 결과들은 자기중심적 언어가 소리언어에서 내적 언어로 발전하는 과도기라는 가정을 강력히 시사한다. …… 독자적 언어형태로서의 사적 언어는 음성언어로부터 내적 언어로의 전이이고 매우 중요한 발생적 연계이며 소리언어의 기능 분화와 내적 언어로의 최종적 변형 사이에 존재하는 중간 단계이다. 사적 언어가 이렇게 이론적으로 큰 관심을 끄는 것은 바로 이 전이 역할 때문이다.[25]

비고츠키에 있어서 사적 언어는 사회적 언어와 내적 언어 사이의 발달적 중재자이며 그것은 아동이 활동을 계획하고 문제를 해결하도록 돕는 도구로써 기여하면서 사고의 도구로써 기능한다. 사적 언어가 사라질 때 그것은 쇠퇴가 아니라 현상 이면으로 잠복하는, 즉 내적 언어로 변한다.[26] 따라서 자기중심적 사고나 언어를 통한 비언어적인

---

24) 아동들이 자기중심적 사고를 하는 중요한 원인은 "아동들이 서로 이해하지 못하는 것을 그들은 서로를 이해하고 있다고 생각하기 때문이다. …… 아동 주위에는 항상 그들보다 더 많이 알고 그들의 모든 것들을 이해해 줄 줄 알며 심지어는 그들의 생각과 욕망이 무엇인지까지를 예측해 주는 어른들이 있다. 따라서 아동들은 일할 때나 그렇지 않을 때나 혹은 바라는 것이 있을 때나 죄책감을 느낄 때나 항상 다른 사람들이 그들의 생각을 꿰뚫고 있으리라는 인상을 받고 있다"는 것이다.(*Ibid.*, p.106.)

25) L. S. Vygotsky(1962), op. cit., pp.19-20.

자폐적 사고로부터 사회화된 언어나 논리적 사고로 진행하는 피아제의 인지발달 개념과는 달리 비고츠키는 처음에는 사회적이고 그 다음에는 자기중심적이고 그런 다음에는 내적 언어로 인지발달이 진행된다고 제안한다.[27]

이것이 발달의 방향에 대한 비고츠키의 설명과 피아제의 관심 사이의 기본적인 차이이다. 사적 언어가 자기중심적 사고를 외형화하는 아동의 시도를 나타내는 것이 아니라 오히려 그것이 아동이 사회적 언어로부터 내적 언어로 내면화하는 과정으로 이해하기 때문에 비고츠키는 초기 아동에 있어서 사적 언어에 특별한 관심을 보인다. 그리고 이러한 점에서 그는 '사고발달의 진정한 방향은 개인으로부터 사회로가 아니라 사회로부터 개인으로'라고 주장한다.[28]

비고츠키는 내적 언어가 어떻게 외적인 혹은 개인 간 관계가 내적인 혹은 내부 심리적인 과정으로 되는가에 대한 방식에 관심을 기울인다. 그는 의사소통적 언어로부터 자기중심적 언어, 즉 내적 언어로 진행되는 분석을 통해 내적 언어의 구문론적 그리고 의미론적 특성을 언급한다. 먼저 내적 언어의 구문론적 특성은 술어는 보존되는 반면에 문장의 주어가 생략되고 모든 단어가 그것과 관련된다.

초기에 자기중심적 언어는 구조에 있어서 사회적 언어와 동일하다. 그러나 내적 언어로의 전달 과정에 있어서 그것이 거의 완전하게 술어적 구문에 의해 지배되듯이 그것은 점차 덜 완전하고 덜 일관적이게 된다. …… 아동은 주어진 순간에 그가 듣고 보고 행하는 것에 대해 이야기한다. 그 결과 아동은 주어(즉 그 자신)를 생략하는 경향이 있고 단지 술어만을 남길 때까지 점점 더 그의 언어를 축약하면

26) *Ibid.*, p.18.
27) *Ibid.*, pp.19-20.
28) *Ibid.*, p.20.

서 모든 말은 그것과 관련된다. 자기중심적 언어의 구체적인 기능이 점점 더 차별화되면 될수록 그것의 구문론적 특성 −단순화와 술어화 −은 점점 더 명백해진다. 협력하여 이러한 변화는 의성화를 감소한다. 우리가 우리 스스로와 대화할 때 우리는 거의 말이 필요 없게 된다. …… 내적 언어는 거의 말이 없는 언어이다[29].

이처럼 내적 언어에서는 구문과 소리가 최소화되기 때문에 의미론이 무엇보다 중요하다. 이에 대해 비고츠키는 내적 언어의 세 가지 기본적인 의미론적 특성이 있음을 주장한다.[30] 첫째, 말의 의미보다는 감응의 우선성이다. 감응은 '역동적인 복합체로서 ……. 우리의 의식 속에 말에 의해 고무된 모든 심리적 사건의 총합'[31]이다. 이와는 반대로 의미는 추상적으로 일반화되므로 결국은 한계를 갖는다. 따라서 내적 언어에 있어서 기본적이고 우선적인 것은 사전에 포함된 것과 같은 말의 정확한 의미가 아니라 그것이 특별한 맥락에서 사용된 것과 같은 어떤 말의 감응이다.

둘째는 내적 언어는 복잡한 생각들을 나타낼 뿐만 아니라 축약의 경향성을 갖는다. 그리고 셋째는 서로 다른 말들의 감응이 서로서로 영향을 주고 유입되므로 결국 어떤 유일한 말은 감응에 물들어 있기 때문에 그것을 명백한 언어로 밝히기 위해서는 다수의 말이 필요할 것이며 이것은 내적 언어의 맥락에서 문자적 전유(傳喩)이다. 이러한 의미론적 그리고 구문론적인 특성은 내적 언어에 관용적 특성을 제공한다. 내적 언어의 관용적 특성은 예를 들어 누이동생이나 친척 혹은 군대집단 같은 친밀한 심리적 접촉에 있는 사람들 사이에 나타나는 그러한 과정과 유사하다.

---

29) *Ibid.*, p.145.
30) *Ibid.*, pp.145-148.
31) *Ibid.*, pp.146-147.

3. 내적인 도덕적 대화로서의 내적 언어(內的 言語)

전술한 바와 같이 내적 언어는 사회적 언어에 기원을 두며 자기중심적 언어를 거쳐 형성된다. 이것은 비고츠키로 하여금 자기중심적 언어 연구를 통해 내적 언어의 구조적 기능적 속성을 밝히게 하는 근거를 제공한다. 자기중심적 언어나 내적 언어는 모두 언어적 특성을 지니므로 대화적 그리고 자기규제적 특성을 갖는다. 먼저 내적 언어의 대화적 특성에 대해 살펴보자. 피아제와는 달리 비고츠키는 자기중심적 언어를 사회적 언어로부터 이끌어 낸다. 이것은 아동이 자신의 머리를 써서 계산하기 전 처음에는 손가락, 블록, 혹은 다른 손으로 다룰 수 있는 것을 사용하여 수를 세는 학습을 하듯이 그들은 내적 언어로 그들 스스로에게 말하는 것을 학습하기 전에 타인, 즉 부모나 친구 혹은 친척들과 말하는 것을 배우는 것과 유사한 방식이다. 따라서 자기중심적 언어는 피아제의 주장처럼 자기중심적 사고를 반영하는 것이 아니라 오히려 이것은 자기와의 내면적 대화를 통해 행동을 계획하고 조정하는 중요한 역할을 한다는 것이다. 이러한 자기중심적 언어의 대화적 특성은 내적 언어에도 계승된다. 미드(G. H. Mead)는 이러한 내적 언어의 대화적 특성을 강조한다.

우리가 유일한 구경꾼이고 행위자인 영역, 일종의 내적인 공개 토론장인 분야가 있다. 그 영역에서 우리의 각자는 자신과 협의한다. 우리는 어떤 드라마를 수행한다. 만약 사람이 격리되어 물러나 생각을 위해 앉아 있다면 그는 자신과 대화한다. 그는 질문하고 대답한다. 그는 어떤 사람과 대화하듯이 그의 생각을 개발하고 그러한 생각들을 조직한다. 그는 사실상 다른 사람과 대화하는 것보다 그 자신과 대화하기를 좋아한다.[32)]

또한 비고츠키에 의하면 모든 언어는 행동을 규제하고 지도하는 수단
적 특성을 갖는다. 불러(Buhler)와 겟쩌(Getzer)의 관찰에 의하면 초기
발달단계에서 아동은 일련의 그림을 그린 후에 그 다음에 그 그림에다
이름을 붙인다. 그리고 나중 단계에서 언어와 행동과의 관계는 역전된다.
즉 아동은 처음에 언어로 생각을 형성하고 그런 다음에 이러한 생각을
행동으로 옮긴다. 이것은 교제의 수단으로서 시작한 아동의 언어는 활동
을 규제하는 수단이 된다는 것을 의미한다.[33]

비고츠키에 의하면 자기중심적 언어와 내적 언어는 사고의 모든 기
능을 가지고 있으며 이러한 언어적 사고는 자기규제적 특성을 갖는다
고 본다. 비고츠키는 이러한 내적 언어의 자기규제적 특성을 자기중심
적 언어의 특성으로부터 이끌어 낸다. 자기중심적 언어는 부수적으로
행동을 수반하며 정서적 배출을 제공하고 사회 정서적으로 표현하게
된다는 것이다.[34] 행동을 수반하는 경우에 자기중심적 언어는 우연적
으로 아동 자신의 행동을 통제할 수 있다고 본다. 이것이 가장 기본적
인 언어적 자기규제의 유형이다. 이보다 좀더 성숙한 유형은 행동하는
동안 서술로써 나타나는 정서적 배출이며 가장 성숙한 유형이 사회
정서적 표현으로서 행동하기 전에 간단한 계획으로 나타난다. 그리고
비고츠키는 말의 규제적 효과의 유일한 근원으로서 말의 의미에 관심
을 기울인다.

---

32) G. H. Mead, *Movements of thought in the nineteenth century*. Chicago:
Univ. of Chicago Press, 1936, p.401.
33) A. R. Luria, Speech Development and the Formation of Mental Process, In
L. Peter & F. Charles, L. *Vygotsky critical assessments*, London and New
York, 1999, p.105.
34) G. Zivin, Removing Common Confusion, In G. Zivin (ed.), The Development
of Self-Regulation Through Private Speech, A Wiley-Interscience
Publication, 1979, pp.23-24.

비고츠키에 의하면 모든 언어적 사고는 자기규제적 특성을 갖는다고 본다. 즉 자신의 생각을 큰소리로 말하는 것은 잠재적 자기규제로 이해할 수 있다는 것이다. 왜냐하면 그것은 파블로프에 의해 제시된 이차적 신호체계의 기능으로 해석될 수 있기 때문이라는 것이다.[35] 그리고 그것은 유아가 조건화의 힘에 완전히 의존하는 대신에 자기 자신의 행동을 통제하는 능력을 가능하게 해준다는 것이다. 환경과 관계하는 유아의 첫 번째 방식은 신체적 우연성에 의해 조건화될 수 있는 유기체라는 것이다. 이러한 관계는 일차적 신호체계의 조건화 원리에 토대를 두는 것으로써 자신의 환경에 대한 자극 속성이 마치 자신의 환경 속에서 인지할 수 있는 우연성의 반복과 예측에 기초한 사회적 상호 작용으로 문제를 해결하는 동물과 같이 유아가 사회적 상호 작용에서 사용하고 이해하는 유일한 것이다.

그러나 나이가 들어가면서 언어와 사고가 병합됨에 따라 이해할 수 없는 의미는 발화된 말을 통해 신체적 전달자를 요구하게 된다. 일차적 신호체계 수준의 유아는 자신이 전에 다른 인지할 수 있는 조건화된 자극에 대해 반응하는 것처럼 어떤 말에 대한 첫 반응에 의해 기능적인 말과 말의 이해를 숙달하게 되고 어떤 말에 대해 신체적으로 인지할 수 있는 소리에 의해 자신의 행동을 통제하게 된다. 이러한 점에서 아동 자신의 말에 대한 인지할 수 있는 속성은 자신에게 영향을 준다. 점차 말의 의미가 발화된 말의 인지할 수 있는 속성보다 더 강하게 반응하게 되고 이해하게 된다. 아동이 자신에게 제시된 말의 의미에 대해 점점 더 반응하게 됨에 따라 그는 자신의 행동을 이끌 수 있게 된다. 이렇게 됨으로써 아동은 언어적 자기규제를 통해 자신의 행동적 실천가가 된다.

자기중심적 언어의 수준에서는 발화된 말의 속성이 중시되는 반면에

---

35) *Ibid.*, pp.24-25.

내적 언어의 수준에서는 말의 의미가 중시된다고 볼 수 있다. 약 5세를 시작으로 유아는 인습적 규칙과 침묵적 사고 능력을 겸비하기 시작한다. 소콜로프는 이러한 침묵적인 언어적 사고를 내적 언어라 부른다.[36] 따라서 내적 언어는 자신과의 도덕적 대화를 통해 행동을 계획하고 통제하는 기능과 역할을 수행하는 것이다. 특히 비고츠키는 내적 언어의 형태 속에서 언어가 심리적 도구로서 기능하는 방식에 대해 주목한다. 대화라는 상호 작용에 의해 형성된 내적인 도덕 언어는 자기의 행동을 통제하는 자기와의 내적인 대화로서 자기규제(self-regulation)를 한다. 이러한 관점에서 내적 언어와 사고와의 관계에 대한 비고츠키의 일반적인 견해는 도덕적 기능의 영역에 적용될 수 있고 도덕적 문제, 갈등, 딜레마에 직면했을 때 마치 직면하게 된 과제나 어떤 다른 문제에 대답하는 것처럼 내적인 도덕적 대화로서 내적 언어를 통해 응답한다.

V. 도덕교육적 함의

비고츠키의 사회문화적 관점은 몇 가지 점에서 도덕과 교육에 시사하는 바가 크다.

첫째는 덕목교육 방법에 관한 중요한 시사점을 제공한다는 점이다. 제7차 도덕과 교육과정은 덕목교육을 강조한다. 기존의 자율론적 접근에서의 도덕교육적 반성은 덕목의 내면화를 통한 도덕사회화를 도모한다. 기존의 자율론적 접근에서는 덕목교육보다 학생들의 합리적인 가치판단 능력의 함양에 초점을 맞추었다. 이러한 도덕교육적 결과는 공동체 의식의 약화, 이기주의의 만연, 청소년 문제 등 심각한 사회현

---

36) *Ibid.*, p.23.

상을 초래하게 되는 하나의 원인을 제공하게 되었다는 비판에 직면하
였다. 따라서 학생들의 합리적인 판단능력을 배양하는 것 못지않게 도
덕사회화를 도모하는 것도 필요하다는 주장이 제기되었다.

이러한 도덕교육적 추세는 덕목교육을 강화하고자 하는 쪽으로 도
덕과 교육이 방향 전환을 하게 되었다. 이러한 관점에서 비고츠키의
사회문화적 관점은 덕목의 내면화와 관련된다. 비고츠키의 사회문화적
관점은 도덕의 기원을 사회에 두는 것이다. 이러한 관점에서의 도덕발
달은 기본적으로 사회문화를 내면화함으로써 시작한다. 문화를 내면화
하는 데 있어서 비고츠키는 언어에 관심을 둔다.

도덕적 행동은 언어에 의해 매개된 행동이기 때문에 도덕적 기능은
아동이 그가 자신의 행동과 타인의 행동이 ‘좋다 혹은 나쁘다, 옳다
혹은 그르다’ 등을 해석하는 데 사용할 수 있는 도구로서 언어를 접근
할 때까지 나타나기 어렵다. 이러한 의미에서 도덕발달과 언어발달은
병행하여 발달하며 특히 내적 언어의 발달은 도덕적 기능과 활동의
진보를 측정하는 중요한 준거가 된다. 따라서 도덕과 교육에서의 덕목
교육은 언어, 즉 이야기 형식을 통한 도덕교육으로서 도덕적 이야기
중심의 내러티브적 접근이 효과적임을 함축한다.

둘째는 도덕과 교육은 도덕적 문제에 대한 의사소통적 대화를 통해
진행되어야 함을 시사한다. 비고츠키의 사회문화적 관점에서의 도덕발
달은 사회문화적 맥락에 의존하며 여기에는 언어의 중재적 역할이 중
요하다. 말과 언어 그리고 담화 형태를 통한 사회적 의사소통과 사회
적 관계의 과정이 도덕적 기능을 촉진한다. 특히 문화를 내면화하는
과정에서 사회적 상호 작용, 즉 대화는 불가결한 요소이다.

아동은 먼저 사회 규칙이나 행동의 기준에 대해 부모님이나 할머니,
할아버지, 보모 그리고 나이 많은 형제로부터 배우기 시작한다. 그리

고 이때의 학습은 기본적으로 대화의 맥락에서 일어난다. 어른과 아동
이 옳음과 그름, 좋음과 나쁨 그리고 해야 할 것과 하지 말아야 할 것
에 관해 서로 대화를 시작하면서 도덕규범은 내면화된다. 어른이나 또
래와의 대화를 통해 일어나는 상호 작용은 도덕적 상황에서 자신의
독특한 관점을 반영하는 도덕적 해석으로서 아동의 도덕발달에 많은
영향을 준다. 따라서 아동들은 오랜 기간 어른이나 또래와의 이러한
의사소통적 상호 작용의 결과로서 사회 규칙이나 기준에 대해 도덕적
인 내적 언어, 즉 자기 자신과의 의사소통을 하게 된다.

이처럼 도덕적 기능은 언어의 매개적 상호 작용을 통한 내면화의
역동적 결과로서 나타난다. 도덕적 기능의 발달은 외적 언어의 내적
언어로의 변환 과정이며 내적인 도덕언어는 그들 스스로를 나타내는
개인 내 정신 과정이다. 따라서 도덕발달은 개인 간의 외적 언어(대
화)가 내적 언어(대화)가 되는 과정이며 이러한 과정은 언어적으로
매개된 사회적 관계 속에서의 의사소통적 대화를 필요로 한다. 이러한
관점에서 도덕과 교육은 교사에 의한 단순한 덕목이나 규범의 일방적
인 설명이나 주입이 아니라 도덕적 문제에 대한 의사소통적 대화를
통한 도덕과 교육이 되어야 한다는 것을 함축한다. 도덕과 교육의 방
법론적인 특성은 교사와 아동 혹은 아동들 간의 대화, 즉 도덕적 논의
에 있다. 도덕과 교육은 도덕적 논의를 통해 도덕적 문제를 해결하며
맹목적인 신념에 기초한 판단이 아니라 정당한 근거나 이유에 토대를
둔 도덕적 지식을 마련하는 것이다.

셋째는 도덕과 교육의 방법론적인 측면에서 시사하는 바가 크다. 제
7차 인격교육적 접근에 있어서 도덕과 교육의 방법론적인 과제는 어
떻게 도덕사회화와 도덕추론 능력의 발달을 동시에 담아내느냐 하는
문제이다. 이것은 도덕사회화와 도덕추론 능력의 발달이라는 두 가지

도덕과 교육의 과제를 어느 한쪽에 편중됨이 없이 균형을 이루는 일과 관련된다. 따라서 제7차 도덕과 교육과정에서는 자율론적 접근에서의 반대급부적 현상으로서 덕목교육을 강조하지만 그렇다고 자율성을 위축시키는 방식은 곤란하다.

이러한 점에서 도덕사회화를 지향하되 학생들을 수동적 존재가 아닌 능동적 존재로 간주하고 타율적 방식이 아닌 자율적 방식으로의 접근을 고려한다. 또한 학생들의 자율성을 존중하되 상대주의를 극복하고 사회적 성향으로서의 자율성을 지향하도록 하는 접근 방식이 바람직하다. 이러한 관점에서 비고츠키의 구성주의적 관점은 도움을 준다.

비고츠키적 관점에서의 도덕발달은 언어적으로 중재된 사회적 관계의 내면화 과정을 요구한다. 어려서부터 규범에 대한 어른이나 동료와의 대화는 점차 규범에 대한 자신과의 내적인 대화 형태로 변화한다. 이 과정에서 문화적으로 규제된 상징체계는 개인적인 언어적 사고로 변형된다. 이러한 과정에서 아동은 외적인 것을 단순히 내면화하는 것이 아니라 사회세계에서의 경험을 토대로 자기 자신의 내적인 도덕적 사고의 수준을 창출한다.

외적인 언어가 개인적인 언어적 사고로 전환되면서 점차 자기 자신의 내적 수준의 도덕적 사고가 형성된다. 이것은 외적 언어 자체의 반복된 암기가 아닌 자기 자신의 말로서 상황에 맞는 도덕 규칙을 스스로 창조한다는 것이다. 도덕적 기능이 사회문화적 기원을 갖되 내적 수준에서의 도덕적 사고는 내면화된 도덕언어가 그대로 나타나는 것이 아니라 상황에 맞는 자기규제의 능력을 구비한다는 것이다.

이렇게 본다면 비고츠키의 사회문화적 관점은 제7차 도덕과 교육과정이 요구하는 도덕사회화를 그 기반으로 하고 있으며 그렇다고 도덕사회화에만 머무르는 것이 아닌 외적 언어의 내면화를 통한 내적 대

화로서의 자기 구성적 도덕판단을 고려하는 것이다. 따라서 이러한 가
치판단 능력의 함양은 개인적인 관점에서의 도덕적 판단이 아닌 사회
문화적 관점을 고려한 사회적 성향으로서의 자율성을 지향하는 것이
라 볼 수 있다.

Ⅵ. 결 론

비고츠키 관점에서 고등정신기능은 사회문화적인 기원을 갖는다. 반
면에 초등정신기능은 생물학적인 기원을 갖는다. 이러한 맥락에서 고
등정신기능의 한 측면인 도덕적 기능 역시 사회문화적인 기원을 갖는
다. 그동안 도덕교육을 주도했던 인지발달론자(콜버그 등)들의 개인의
이성 중심의 보편적이며 초월적인 인식론적 담론과는 달리 비고츠키
는 국지적 언어 중심의 사회문화적 관점을 중시한다.

이러한 도덕적 기능의 사회문화적 토대는 도덕적 기능의 발달을 사회
문화의 내면화 과정과 관련짓는다. 도덕적 기능의 발달은 처음에는 개인
간 상호 작용의 사회적 국면에서 나타나고 그런 다음 개인 내의 심리적
국면에서 나타난다. 그리고 이때의 매개적 역할은 언어가 담당한다. 이
러한 점에서 도덕적 행동은 언어에 의해 매개된 행동이다.

비고츠키는 언어와 사고와의 관계 분석을 통해 내면화 관계를 규명한
다. 비고츠키는 피아제와는 달리 아동의 인지발달을 외적(사회) 언어의
내적 언어로의 전환에서 찾는다. 사고발달은 개인으로부터 사회로 진행
하는 것이 아니라 사회로부터 개인으로 진행한다는 것이다. 이러한 점에
서 내적 언어는 어떻게 개인 간 사회적 관계가 개인 내의 심리적 과정으
로 변형되는가를 설명해 주며 내적 언어야말로 사고발달을 가늠할 수 있

는 유일한 준거를 제공한다. 비고츠키에 의하면 초등정신기능이 환경의 통제에 지배되는 반면에 고등정신기능은 자기조절에 의해 지배된다. 고등정신기능으로서 내적 언어의 형성은 자기조절 능력을 의미하며 도덕적 기능과 관련하여 내적 언어는 자신과의 내적인 도덕적 대화로서 기능한다. 따라서 내적인 도덕적 대화로서의 내적 언어는 자신의 행동을 스스로 규제하는 역할을 한다. 어떤 도덕적 상황에 직면하여 내적인 도덕적 대화로서의 내적 언어는 행위에 앞서 자기 스스로와의 도덕적인 내면의 대화로서 자신의 행위를 조절하고 통제한다.

이러한 비고츠키의 관점으로부터 도덕과 교육은 고등정신이 내면화되는 과정, 즉 외적 언어의 내적 언어로의 변형 과정과 이에 효과적으로 접근하도록 하는 방식에 관심을 기울일 필요성이 제기된다. 따라서 도덕과 교육은 의사소통적 대화를 통한 자기 구성적 관점에 주목함으로써 오늘날 제기되고 있는 도덕과 교육의 방법론적 문제를 해소하는 데 도움받을 수 있을 것으로 기대된다.

참고 문헌

한순미, 「비고츠키와 교육 문화—역사적 접근」, 교육과학사, 2000.

Wertsch, J. V., *Vygotsky and the Social Formation of Mind*, Cambridge, M.A: Harvard University Press, 1985.

Wertsch., J. V. 저, 한양대 사회인지발달연구회 모임 역, 『비고츠키: 마음의 사회적 형성』, 정민사, 1999.

Piaget, J., The Language and the Thought of the Child, New York: Meridan, 1971.

송명자·이순형 (공역), 『아동의 언어와 사고』, 중앙적성출판사, 1985.

Bakhtin, M., *The dialogic imagination: Four essays by M. M. Bakhtin*(Holquist, M. ed., Emerson, C. & Holquist, M. Trans.), Austin: Univ. of Texas Press, 1981.

Buzzelli, C., *Morality in context: A sociocultural approach to enhancing young children's moral development*. Child and Youth Care Forum, 22, 1993, pp.375-386.

Cole, M., "The Zone of Proximal Development": Where *Culture and Cognition Create Each Other*, J. V. Wertsch, *Culture, Communication and Cognition: Vygotskin Perspectives*, Cambridge University Press, 1985.

Crawford, P. D., Educating for Moral Ability: reflections on moral development based on Vygotsky's theory of concept formation, *Journal of Moral Education, Vol.30, No.2*, 2001.

Emerson, C., The outer word and inner speech: Bakhtin, Vygotsky and internalization of language, In Morson, G.(Ed.), *Bakhtin: Essays and dialogues on his work*, Chicago: Univ. of Chicago Press, 1986.

Lovlie, L., The Uses of Example in Moral Education, *Journal of Moral Education, Vol.26, No.1*, 1997.

Luria, A. R., Speech Development and the Formation of Mental Process, In L. Peter & F. Charles, *L. Vygotsky critical assessments*, London and New York, 1999.

Mead, G. H., *Movements of thought in the nineteenth century*. Chicago: Univ. of Chicago Press, 1936.

Moll, L. C., *Vygotsky and Education*, Cambridge University Press, 1990.

Oakeshott, M., *On Human Conduct*, Oxford, UK: Clarendon Press, 1975.

Piaget, J., *Six Psychological Studies*, New York: Vintage Books, 1967

Piaget, J., *The Language and the Thought of the Child*, New York:
    Meridan, 1971.

Tappan, M. B., Language, Culture and Development: A Vygotskian
    Perspective, *Developmental Review, 17*, 1997, pp.78-100.

Tappan, M. B., Moral Education in the Zone of Proximal Development,
    Journal of Moral Education, Vol.27, No.2, 1998.

Tappan, M. B., Narrative, Language and Moral Experience, *Journal
    of Moral Education, Vol.20, No.3*, 1991.

Volosinov, V., *Marxism and the philosophy of language*(L. Matejka &
    I. R. Titunik, trans.). Cambridge, MA: Harvard Univ. Press.
    (Original work published 1929), 1986.

Vygotsky, L. S., *Thought and language*, Edited and translated by
    Eugenia Hanfmann and Gertrude Vakar, Cambridge, MA: The
    MIT Press. (Original work published 1934), 1962.

Vygotsky, L. S., *Mind in Society: The Development of Higher
    Psychological Processes*(Cole, M. John-Steiner, V. Scribner, S.
    & E. Souberman. eds), Cambridge, MA: Harvard University
    Press, 1978.

Vygotsky, L. S., "The Instrumental Method in Psychology", In
    Wertsch, J.(ed.), *The Concept of Activity in Soviet Psychology*,
    Armonk, NY: M. E. Sharpe, (Original Work Published 1930),
    1981.

Vygotsky, L. S., "The genesis of higher mental functions", In
    Wertsch, J.(ed.), *The Concept of Activity in Soviet
    Psychology*, Armonk, NY: Sharpe, M. E., (Original Work
    Published 1960), 1981.

Wertsch, J. V., "The Zone of Proximal Development: Some Conceptual

Issues", In: Rogoff, B. & Wertsch, J. V.(eds) *Children's Learning in The Zone of Proximal Development* (New Directions for Child Development, No.23), 1984.

Wertsch, J. V., *Vygotsky and the Social Formation of Mind,* Cambridge, M.A: Harvard University Press, 1985.

Zivin, G., Removing Common Confusion, In G. Zivin(ed.), *The Development of Self-Regulation Through Private Speech,* A Wiley-Interscience Publication, 1979.

• 저자 •

이애란   • 약 력 •
(李愛蘭)   경북대학교 사범대학 국민윤리교육학과 졸업
        한국교원대학교 대학원 교육학 석사(윤리교육 전공)
        경북대학교 대학원 문학박사(국민윤리 전공)
        청주교육대학교 강사

        • 주요논저 •
        「비고츠키 '내적 언어'의 도덕교육적 함의」
        외 다수

비고츠키주의자의 언어적 자기규제론과 도덕교육

• 초 판 인 쇄   2007년 3월 30일
• 초 판 발 행   2007년 3월 30일

• 지 은 이   이애란
• 펴 낸 이   채종준
• 펴 낸 곳   한국학술정보㈜
        경기도 파주시 교하읍 문발리 526-2
        파주출판문화정보산업단지
        전화 031) 908-3181(대표) · 팩스 031) 908-3189
        홈페이지 http://www.kstudy.com
        e-mail(출판사업부) publish@kstudy.com
• 등   록   제일산-115호(2000. 6. 19)
• 가   격   24,000원

ISBN 978-89-534-6529-9 93370 (Paper Book)
      978-89-534-6530-5 98370 (e-Book)